Star✦
星出版

新觀點
新思維
新眼界

羅勃・波頓 **著**
Robert Bolton, Ph.D.

洪世民 **譯**

人際技巧

學會高效傾聽與自我維護，化解衝突、優化人際關係

PEOPLE SKILLS

How to Assert Yourself, Listen to Others, and Resolve Conflicts

Star 星出版

★本書書眉設計成不等高，紙本書
　書側可見各章分野，方便查閱

給朵特：
我最好的朋友、
最親密的伴侶、有趣的玩伴。
我各種自我的推動者，
也是夢想的孕育者。
了不起的妻子——
敏感、關愛、真誠地
待我、我們的孩子、爸媽和朋友。
有效地完成維繫我們共同生活的任務——
是同事、是老師，也是夥伴。
我好愛跟妳在一起，
讓我最常發掘、選擇、揭露
真實的我。
我好愛我對妳的感覺：
一個生氣勃勃、愛心滿滿、
彌足珍貴的人。
不完美、多變、成長、合宜，
但深植人心、始終如一——
一個面面俱到的朋友。
妳「非比尋常」。

目錄

序言

讓溝通不再那麼困難

　　「是好讀者造就了這本書，」愛默生（Ralph Waldo Emerson）這麼寫。這個事實特別適用於這一類的書籍。只想隨便撈一些想法看看的讀者，從這本書得不到什麼收穫。這本書是寫給強烈渴望改善人際關係、願意親自試驗後文所探討各種溝通方法的人。只要持之以恆，發揮創意將這些技巧應用於日常生活中，必能見到人際關係出現顯著的改變。

　　對我來說，有效的溝通得來不易。我想，假如我從小就特別擅長人際溝通，就不會如此不屈不撓地研究了。正因為溝通對我是道難題，我才會研究溝通，才會親身試驗我學到的溝通，並且教溝通、寫溝通。

　　我覺得自己有資格教導這些技巧，正是因為它們得來不易。那些阻礙一般學習者發展更有效交際方法的困境，我大多掙扎經歷過了。或許正因為這些不足，我可以協助你克服許多在學習、使用這些技巧時會遇上的難處。

　　我在寫這本書的時候，正好需要不斷耗費大量心力管理一家顧問公司。在不慌不忙、不緊湊的時程下寫作，無疑有許多好處。然而，積極投入事業與教學的日

常壓力，或許也利大於弊：我花了整整六年寫這本書，而在這六年間，我天天可以實際應用和測試這些技巧。

這本書的課題，將會帶給實際應用的讀者莫大的助益。有數千名參加敝顧問公司溝通技巧研討會的學員讀過這本書的前幾個版本，其中很多人寫信表示這些處理人際關係的方法對他們有用，且大大豐富了他們的生活。很多人說，這本書不僅改變他們對人際互動的觀念，也改變他們的行為、改善他們的關係。這個新版本應該更為實用。

這本書是從一段探索自我的旅程，以及一項如何改善互動方式的研究開始，得到湯瑪斯・戈登（Thomas Gordon）、卡爾・羅傑斯（Carl Rogers）、艾倫・艾維（Allen Ivey）、傑拉德・伊根（Gerard Egan）、羅伯特・卡克赫夫（Robert Carkhuff）等人的思想、研究、教學和著作的滋養。注釋裡的參考資料，則列出其他多位幫助我理解人際溝通的作者。有時在我閱讀的時候，我不只會被這些作者傳達的理念打動，也會被文句本身打動。你會在本書各章節看到許多與我的經驗、喜好和價值觀契合的引文（多數使用男性代名詞，但願這個慣例不致轉移焦點，也願其中某些話語能夠打動你。）

我曾跟我們里奇訓練公司（Ridge Training）的同事詳盡討論這本書裡的概念，特別是朵特・波頓（Dot Bolton）和艾德・李斯比（Ed Lisbe），他們的想法和措辭對本書貢獻良多。

特別感謝溝通技巧研討會的學生，他們大大地幫助

了我理解人際溝通。他們來自各行各業：經理人、業務員、教師、醫療保健專業人員、顧客關係人員、建築工人、主管、心理學家、律師等等。當他們苦苦未能發展出自己的溝通技巧，我找到比較簡單的方法教會他們。當他們苦思該如何將所學技巧應用在特定情境，我發現了自己理論和方法的不足之處，而能進一步發展出更有助益的概念。本書許多例子都來自這樣的經驗，我改了他們的名字和一些細節，以維護他們的隱私。

感謝許多機構支援這項課程的發展。紐約州奧爾巴尼聖玫瑰學院（The College of Saint Rose）的合作創投計畫，讓數千名教育工作者上研究所課程，學習這本書教導的方法，應用在日常工作中。感謝《財富》500大企業、小型企業、政府局處、醫院、大學、顧問中心和其他組織提供我們機會，將這些技巧傳授給來自各種不同背景的民眾。我們獲得的回饋反過來提升了這本書的呈現方式，也證實這些技巧的重要性，以及與各種工作情境、家庭和其他人際關係的關連性。

感謝蘿拉・威克斯（Laura Weeks）鼎力協助書中的研究調查工作，也琢磨了一些段落的詞句。派特・弗瑞波恩（Pat Freeborn）提升了一些章節的用語。朵特・波頓讀了完整原稿、做了大大小小的精修，李斯比也為數個重要章節貢獻心力。

前述這些只是我蒙受的恩惠的一小部分，在追溯完後我仍把這本書視為「我的」著作，乍看可能頗為奇怪。英國早期植物學手冊作者威廉・泰納（William

Turner）所用的比喻，精確傳達了我的心聲：

> 有些讀者會說，既然我承認這本書是蒐集許多作者
> 的資料，我提供給你們的就是其他人的大量心血，
> 完全沒有我自己的……。對此，我的回答是：如果
> 蜜蜂從好多生長在其他草地、原野、院子裡的草木
> 花朵採集得出的蜂蜜，可以合理地稱為這隻蜜蜂的
> 蜂蜜……那我應該可以說，我從好多作者身上學到
> 和蒐集到的……是我的著作。[1]

雖然這本書也呈現了其他人的心血，但我當然要為這裡提供的所有資料負責。

有些熟悉本書內容的朋友認為，第15章〈有效溝通的三大要素〉應該擺在前頭，也有人相信應該擺在最後。如果你在某個時刻覺得這本書太過聚焦於溝通方法，而非注入生命互動的精神，請先跳到後面讀完第15章再回頭。

祝福你，我的讀者，願本書傳授的技巧對你有益，一如當初我從中受惠。

第一部
導論

經由社會化，一個人已經獲得了若干人際技巧，但是這些技巧的水準仍然可以提升。人人都有莫大的能力在人際關係中變得更善解人意、更尊重他人、更溫暖、更真誠、更開放、更直接、更具體。只要有完善的知識理論、適當的模範和充足的個人體驗機會，便能大大加速發展成為更完整的人的過程。[1]

——喬治·蓋茲達（George Gazda），
教育工作者

第 1 章

消弭隔閡的人際技巧

但願我有辦法搭建人與人之間的橋梁……
我們就只有彼此而已。[1]

　　　──克羅斯・戴蒙（Cross Damon），
　　理查・賴特（Richard Wright）的小說
　　　《局外人》（*The Outsider*）主角

溝通：人類的至高成就

當一個人透過語言這種媒介和另一個人溝通時，他倆之間會發生一件在自然界其他地方看不到的事。這種把無意義的咕噥轉化為口說語言和書寫文字的能力，建構出人類最重要的差異。語言已促使那些區分智人和所有其他生物的特徵一一發展，怪不得德國哲學家卡爾・雅斯培（Karl Jaspers）主張：「人類在這世界的至高成就，即是性格與性格之間的溝通。」[2]

溝通大多無效

雖然人際溝通是人類最偉大的成就，但一般人並不善於溝通。現代文明的一大反諷就是，儘管機械通訊工具的發展，已經超出我們最狂野、最奔放的想像，人類仍覺得很難面對面溝通。在這個屢創技術奇蹟的年代，我們可以透過月球反射訊息，可以讓太空探測器登陸火星，卻發現很難跟我們愛的人相處融洽。

我逐漸察覺到，大部分的溝通都不夠充分。在我們的社會，人們鮮少分享真正重要的事──溫柔、怕羞、不情願的感覺；敏感、脆弱、強烈的情緒。人們也鮮少足夠聚精會神地聆聽，來真正理解對方在說什麼。有時，人們會讓目光鎖定正在說話的朋友，卻任心思漂流到其他事情。有時，當朋友在講話時，人們假裝聆聽，卻只是在等待時機，思忖一有機會開口就要說的話。新聞工作者納珊・米勒（Nathan Miller）曾挖苦道：「在美國，

對話是一種競爭練習，率先吸氣的就只能當聽眾了。」

　　無效的溝通會造成人際隔閡，在人生所有層面、社會所有領域都會經歷到的隔閡。一旦溝通失敗，孤寂、家庭問題、不稱職和不平、心理壓力、生理疾病，甚至死亡，便可能接踵而至。除了可能引發個人挫敗感和心痛，人際隔閡業已成為我們動盪社會的重大社會問題。

寂寞的痛

　　今天很多人盼望與他人建立溫暖、積極、有意義的關係，然而卻未能建立這些人際連結，只好過著孤寂人生。

　　孤獨有兩種。獨處可以是有創造力的、快樂的、充實的孤獨；孤寂卻是痛苦的、死寂的、空虛的孤獨。孤寂是強烈感覺到自己的孤立、和他人的疏離。如大衛・理斯曼（David Riesman）、內森・格萊澤（Nathan Glazer）、魯爾・鄧尼（Reuel Denney）等研究學者指出，當一個人不熱衷於跟自己或他人聯繫，就算身在人群裡，也可能為孤寂籠罩。[3]

　　現代生活的孤寂為何愈來愈痛？世人提出了好幾個理由：唯物主義（在「物」而非「人」身上尋求慰藉）、人的易變性、家庭失根、組織的官僚結構等等，這些還只是其中幾項。我相信這種人際隔閡還有一個主要成因，或許也是最容易矯正的因素，就是沒有用適當的方法進行人際溝通。

太多流失的愛

不幸的是，今日最強烈的孤寂經常發生在溝通失靈或陷入混亂的家庭裡。婚姻——人類最複雜的關係——若缺乏有效溝通，是無法幸福美滿的。夫妻結為連理，盼能豐富彼此的人生，卻經常缺乏必要的關係經營技巧，最後只好像兩條平行線，各過各的、不再親密。詩人 T. S. 艾略特（T. S. Eliot）這番常被引用的話，或許足以形容一個典型的家庭：

> 兩個明知互不了解的人，
> 養育了他們不了解
> 也永遠不了解他們的孩子。4

接近卻不親近，必然釀成傷害。一旦溝通遭到封阻，愛的能量會轉向怨恨和敵視。接著便是爭吵不休、冷嘲熱諷、反覆批評，或是相敬如「冰」和性冷感。一位女性在描述家庭溝通功能失調之後表示：「我住在心靈荒漠，不是家裡。」

多數爸媽都能作證：今天教養孩子真不是件容易的事。家庭治療領域權威維琴尼亞・薩提爾（Virginia Satir）寫道：

> 為人父母者是在世界上最麻煩的「學校」任教——「育人」的學校。你是教育委員會、校長、教師兼工友……。你被期望精通所有與人生和生活有關的科目……。沒有學校訓練你從事這份工作，對於課程也沒有共識，你必須自己編。你任職的這間學校沒有例假日、沒有假期、沒有工會、沒有自動升遷

或加薪。一年365天，你天天都要執勤或起碼隨時待命24小時，而你每有一個孩子，就要起碼執勤18年。除此之外，你還必須應付一個有兩個老大或老闆的管理部門——而你知道兩個老闆可能會害彼此落入什麼樣的陷阱。你得在這樣的職場背景，持續你的育人工作。我認為，這是世界上最辛苦、最複雜、最焦慮，也最血汗的工作了。5

健康的溝通對於滋養一個家庭至關重要。對於具備溝通技巧的夫妻，為人父母可能是一生當中最有意義、也最愉快的經驗。但要是父母不擅長準確、適切的溝通，父母和孩子都可能感受到破壞力驚人的苦惱、疏離和孤寂感。

溝通是每一段人際關係的命脈。若能進行公開、明確、細膩的溝通，關係便獲得滋養。當溝通充滿防衛、敵意或無效，關係便動搖了。一旦溝通交流嚴重受阻，關係會迅速惡化，最終結束。在欠缺溝通技巧的地方，愛會大量流失——夫妻間、情人間、朋友間、親子間。想要建立令人滿足的人際關係，就必須找出能夠幫助我們至少部分彌合人際隔閡、拉近彼此距離的方法。

職場成功的關鍵

我們會在研討會上請與會者列出讓他們在夜裡輾轉難眠的工作挑戰，結果每一次都有70％～80％的問題和溝通方式有關：面對其他與自身成敗關係重大的人，他們要怎麼溝通，或者不溝通。一名機械工程師這麼想：

「我以為受過工程學訓練便已足夠，但我的時間卻大多花在人的問題上。」一位老師這麼說：「我接受的教育是當物理老師。走進教室，我才發現我是要教人。我花了大部分的心力在整頓秩序上。為什麼我的研究所課程對此毫無助益呢？」不論身為主管或經理人、護理師或醫師、心理健康工作者或監護人、律師、行政官員、業務員或顧問，一個人的生產力都會因為善於溝通而大幅提升。溝通技巧顯然是工作成敗的關鍵。

溝通不良的代價

大多數的人際互動不是愈來愈好，就是愈變愈糟。每一個與他人互動的時刻，都可能是發現與成長的契機，但也可能導致侵蝕身分認同、毀壞人格特質。我們的人格發展與身心健康和溝通的才幹息息相關。缺乏和他人互動，我們就無法成為完整的人。事實上，德國哲學家馬丁・海德格（Martin Heidegger）認為，語言是「生存之居所。」

人需要人。如一本書的標題所寫：「你不可能一人獨活。」每個人都是透過與他人愈來愈精湛的對話而長大成熟。法國思想家加布里埃爾・馬塞爾（Gabriel Marcel）在《存在之奧祕》（*The Mystery of Being*）中說道：「當某人真的讓我感覺到他存在，這可以使我的內在煥然一新；可以向我揭露自己，讓我比沒有接觸到這種衝擊時更充分感覺到自己。」[6]

反過來說，缺乏溝通，或時常暴露於溝通不良，會

削弱一個人的自我。有些類型的心理疾病會因為溝通不充分的問題加劇。很多心理疾病的患者難以建立、參與和維持具有人性慈愛的關係。根據卡爾・羅傑斯的說法：「心理治療的任務無他，就是處理溝通失敗。」[7]

在極端的例子，溝通不良也可能危害身體健康。在一段簡短的訓練影片中，製藥公司霍夫曼—拉洛馳實驗室（F. Hoffmann-La Roche Laboratories）的研究人員，記錄了一個22個月大的女童的康復過程。她原本幾乎完全乏人關注，在被送進醫院時，身高體重都跟11個月大的寶寶差不多。住院期間，她得到為期兩個月、每日六小時的關愛互動及照顧（作為治療的一部分），病情明顯不再惡化。[8]

你可以改變

關於你的溝通方式和風格，有一件事是確定的：這些基本上是「習得的」反應。對你影響最大的老師可能是你的爸媽，而他們的溝通方式也是向他們的爸媽學來的。老師、教練、朋友和其他很多人會陸續增加影響力，透過廣播、電視、電影和其他管道，我們的文化也會影響你的溝通方式。

家庭環境裡擁有有效溝通榜樣的人並不多，這些「幸運」的少數人看似天生是溝通好手，但這種看似「天生」的事情，多半是他們有幸從小學習有效溝通的結果。可惜的是，我們很多人卻被出於善意的人教會溝通不良，因為他們本身學到的，也是不恰當的交際方式。

我們從很小的時候就開始接受訓練了。爸媽或爸媽的代理人會獎勵某些非言語行為，例如微笑，而會傳達對其他某些非言語行為的不快，例如：「不要亂發脾氣。」在我們還很小的時候，他們就協助我們說出第一組詞語，接著訓練我們以特定方式說話。不管你有多討厭每年感恩節去姑姑家拜訪，大人都會叫你說：「謝謝瑪莉姑姑給你這麼愉快的時光。」當你打斷兩個大人的談話，可能有人會教你：「別插嘴。要先說：『不好意思。』」還有其他許多常見的訓練詞彙，像是：「停止抱怨」、「別再發牢騷了」、「不准再那樣跟你弟弟講話。」

親戚、保母和其他一大群人很快加入過程。「講話小聲點。」「舉手發言。輪到你的時候，我會叫你。」「少管閒事。」「你還頂嘴！」

除了告誡我們這些話，我們生命裡重要的大人還會塑造某些行為模式——也許他們很少流露自己的感覺，也許他們尖酸刻薄、慣於鎮壓，或是動不動就暴跳如雷。年紀還小的我們，會效法生命中的重要人物，也會聽從他們的指示。社會文化規範會強化我們所受的諸多訓練，其中有些規範已不若數十年前嚴格，但許多依舊根深柢固。[9]

在我們的文化裡，孩子多半會學到好幾種不健全的交際方式，心理學家傑拉德·伊根列出如下：

> 如何做表面工夫，
> 如何營造形象，
> 如何玩人際遊戲，

如何自欺欺人，
如何輕忽人際交往的風險，
如何操控他人（或忍受被操控）……
如有必要，如何傷害或懲罰他人。10

伊根的敘述無疑過分簡化，我們會如何回應早期環境裡的主要溝通模式，著實因人而異。在同一個家庭裡長大、爸爸或媽媽脾氣火爆的雙胞胎兄弟，可能發展出迥然不同的憤怒控管方式——一個可能壓抑，另一個可能恣意宣洩。然而，我們很多人（或許是大多數的人）都耳濡目染過某些既無效又極具破壞力的人際互動方式。一旦父母所犯的溝通錯誤在孩子身上重演，便形成惡性循環。好消息是，這種循環是可以打破的。你可以摒除不適合你的人際交流方式，這本書能夠幫你找出你最需要關注的範疇，幫助你學會明確的技能，進而獲得更大的個人滿足感，更溫暖、更豐富的關係，以及更高的工作效率。

對於自己的溝通方式，人們經常抱持著宿命論，認為自己怎麼說話、怎麼聆聽，一如眼珠子的顏色是與生俱來的。因此會有這種論調：一個人的溝通風格是不可能改變的，或者，只可能變得虛假。我認識的一位醫師這麼說：「人際交往是天賦。你不是有，就是沒有。我沒有，而對此我無能為力。」

但我和我同事教導數千人溝通技巧的經驗，卻帶我們走向恰恰相反的結論。我們注意到，我們自己和受訓學員的人生，都出現重大轉變。童年習得的模式，已經

被更有效的回應取代。在人生任何時期，只要有充分的決心，一般人都能學會各種成效更好的溝通方法。多位備受推崇的行為科學家對此做過研究，結果證明了這樣的事實：成人可以學習更有效的溝通。[11]

　　當然，要改變人際交往的方式，不是件容易的事。長年積習已讓某些傾向根深柢固，久而久之，想要改變人際互動的方式，感覺就不自然了。任何「新」方法似乎都很尷尬，令人還是想乾脆放棄。不過，一旦更清楚意識到本身一些典型反應有多不正常，很多人就有強烈的改變動力了。在有效運用某項溝通技巧後，他們經常興奮地說：「這有效欸！真的有效欸！」

你會改變的！

　　改變是無可避免的。艾瑞克・艾瑞克森（Erik Erikson）、羅伯特・哈維赫斯特（Robert J. Havighurst）等專家學者指出，人從嬰兒到老年，會經歷各個發展階段。[12]當人生來到夜晚，就不可能像在早上那樣度過了。

　　世界也在變。我們常說「永恆的山丘」，但在時間的進程裡，山丘隆起又沉沒。我們也會講「不滅的星辰」，但星星也如潮起潮落，有開始，有結束，會擴張，會收縮，會愈變愈亮，而後慢慢熄滅，終歸黑暗。

　　從一開始，改變就是人類文化不可或缺的一部分。過去一百年，人類文化的變遷快得令人屏息且包羅萬象，未來學家艾文・托佛勒（Alvin Toffler）宣稱我們生活在「未來衝擊」時期。他的意思是：變革正像雪崩一

樣，以令人頭暈目眩的速度降臨到我們頭上，使我們難以因應。[13]

　　既然改變持續在我們身上發生，在我們交流互動的對象身上發生，在實體世界和我們的文化中發生，要保持不變是不可能的事。就算我們用力緊抓著舊方法不放，那些方法其實也變了。誠如神學家理查‧尼布爾（H. Richard Niebuhr）所言：「就算我們今天做的是昨天做的事，我們其實也在做不同的事，因為從昨天到今天，我們和環境都變了。」[14]

　　「變化律」（the law of change）說：「事物不會保持不變。事物不是變好，就是變壞。」關係不是變得更穩固，就是變得更脆弱；不是變得更緊密，就是變得更疏遠；不是變得更有益，就是變得更無效。

　　你不僅能夠改變你和別人的相處之道，更能夠改變你的人際互動方式。有技巧地管理變革，比「聽天由命」來得好。本書所分享的技巧，不僅容許、更能促成你嚮往的那種轉變發生。

管理對學習的抗拒

　　在努力改善我自己的人際互動方式，並指導他人溝通技巧許多年後，我發現多數人對於新的學習大多心懷抗拒——特別是需要改變行為的時候。我尊重這樣的抗拒，雖然要和我們的摯愛和事業夥伴相處，這種改變必不可少，風險也確實很高，使得重塑行為模式的行動，可能需要十足的勇氣。

開始學習新的溝通技巧時，很多人經常對自己說下面這些話：

這些技巧真的有用嗎？或者又是那種每一、兩年流行一次、來來去去的心理學熱潮？假使這些技巧真的有效，我學得會嗎？我從來不特別擅長學習新的事物，尤其是我必須戒掉舊習慣、培養新習慣的事情。假設我真的學會了這些技巧，它們也真的改變我的關係了，我怎麼能確定這樣的改變是好的呢？我現在經歷的人際關係或許不是頂好，但情況可能更糟。然後，這些技巧當然有可能把我變成不一樣的人，雖然我真的想要變得更好，但是這麼一來，我有些關係是不是也會生變？萬一大家還是不喜歡我，該怎麼辦？

我們很多人抱持的抗拒，比我們意識到的還要強大，因為那大多深埋在潛意識裡。只要有選擇，我們就會選擇待在舒適圈裡，選擇我們知道、而非不知道的現實。為了減輕這股天生的阻力，這本書提供的方法和原則，能幫助你管理在學習應用這些新技巧時感受到的不適與尷尬。

四組重要的人際技巧

想要擁有更豐富、更有意義、更令人滿意的人際關係，有四組技巧至關重要：

- **傾聽的技巧**。這些方法讓你能夠真正理解別人在說什麼，包括新的回應方式：讓對方感覺到他們的問題和感受真的獲得理解。只要適當運用這些方法，

對方通常能夠靠自己解決正在奮戰的問題，不會依賴你來給答案。

- **自我維護的技巧**。這些言語和非言語行為，能夠讓你繼續受人尊重、滿足你自己的需求、劃出適當界線，又不致支配、操弄、傷害或控制他人。

- **化解衝突的技巧**。這些能力讓你得以應付跟隨衝突而來的情緒騷亂，讓關係在爭執化解之後變得更加親近。

- **合作解決問題的技巧**。這些技巧構成一種能夠解決互相矛盾的需求、滿足所有當事人的方法——用這種方法來解決問題，問題不會死灰復燃。

這些都是建立有益人際關係的基本溝通工具，而且非常基本。我們能夠順利幫助那麼多人溝通得更順暢，原因之一就是堅持忠於這些基本原則。人們在沒有被太多主題、太多細微末節弄得暈頭轉向時，學得最好。

本章摘要

人際溝通雖然是人類最大的成就，一般人卻不怎麼善於溝通。成效不彰的溝通會導致孤寂，和朋友、愛人、伴侶、孩子疏遠，以及工作欠缺效率。

研究顯示，儘管我們天生抗拒改變，但其實不分男女老幼，人人都能學會明確的溝通技巧來改善關係和提升專業能力。接下來在各章，將會深入介紹這些更有效的人際互動方法。

第2章

溝通不良的13種常見路障

溝通障礙讓會面缺乏意義。所有人之間都
存有意義的障礙,這使得溝通遠比多數人
所領會的困難。以為一個人能夠說話就能
溝通,這是錯誤的認知。由於我們的教育
太常使我們誤以為溝通比實際來得容易,
一旦我們遇上困難,就很容易灰心洩氣而
放棄。因為我們不了解這個問題的本質,
當然不曉得該怎麼辦。令人訝異的不是溝
通如此困難,而是發生得如此頻繁。[1]

——魯爾・豪威(Reuel Howe),
教育工作者

常見的溝通破壞王

三十多歲的克莉絲汀嘆了口氣說：「喔，我又搞砸了！感恩節週末，我們帶家人去拜訪我的爸媽。這一年我爸媽一直面對沉重的情緒和財務壓力，所以我下定決心要對他們非常溫柔、展現關愛。但他們開始批評我教養小孩的方式，我又火了。我跟他們說，他們當初教我和我弟也沒有教得多好。我們吵了半個小時，三個人都覺得好受傷。我每次回家都會發生這種事。雖然他們沒有權利對我說三道四，但我好愛他們，也希望我們的拜訪非常愉快。但不知怎麼地，我們老是會講一些事情來互相傷害。」

令人遺憾地，克莉絲汀的經驗相當普遍——無論和爸媽、孩子、主管、同事、合作夥伴、朋友等等相處，人們大都渴望能有比平常更好的人際關係。

既然大多數人對於有效溝通都有一股強烈渴望，為何還會如此稀罕、如此難以做到呢？主因之一是：人們常渾然不覺地在對話裡注入溝通的障礙。據估計，當對話裡的一方或雙方有問題要處理或有需求要滿足時，這種障礙出現的機率超過90％。[2]

溝通障礙是「高風險」的回應，通常（但非無可避免）會對溝通造成負面衝擊。這些「路障」更可能在互動的各方承受壓力時發揮破壞力，會不斷削弱對方的自尊，動輒觸發防禦、抗拒、怨恨，也可能導致依賴、退縮、失敗感或不足感。每一道「路障」都會阻滯感覺，使和我們說話的人更不可能有建設性地表達自己真實的

感覺。因為溝通的路障蘊含導致這些負面結果的高風險，倘若反覆出現，可能會對關係造成永久的傷害。

那麼，什麼樣的障礙可能妨害對話？諸如羅傑斯、豪威、海姆‧吉諾特（Haim Ginott）、傑克‧吉布（Jack Gibb）等人際溝通專家指出了很可能凍結對話的回應。[3] 湯瑪斯‧戈登（Thomas Gordon）設計了一份比較詳盡的清單，他稱為破壞溝通的「一打髒話」（dirty dozen）：[4]

1. **批評**：給對方的行為或態度負面評價。「是你自己造成的！你會弄得如此狼狽，怪不了別人。」

2. **謾罵**：貶低對方，或套用刻板印象。「你這個偽君子。」「控制狂。」「魯蛇。」「你真是渾蛋！」「你們搞科技的都一樣。」

3. **診斷**：分析對方的行為，扮演業餘精神科醫師，例如：「你的心思我一目了然，你做那些只是為了激怒我。」「只因為你念過大學，就自以為比我厲害。」

4. **帶評價的讚美**：對對方的行為或態度做出正面的評斷。「你那麼聰明，我知道你一定能夠想出正確的做法。」老師對青少年學生說：「你是個很棒的詩人。」（很多人難以相信像讚美這樣的障礙，怎麼也會是高風險的回應！我在後文會解釋為什麼我相信反覆使用這樣的回應可能對關係不利。）

5. **命令**：要求對方做你想要他完成的事。「現在給我去寫功課！……為什麼？因為我說了算！」

6. **威脅**：企圖透過警告你將發動的不良後果來控制對

方的行為。「快去做！否則……。」「不要再製造
噪音了，否則放學後，全班給我留下來。」

7. **說教**：告訴對方他們「應該」做什麼，對人「講
道」。「你不應該離婚，想想孩子要怎麼辦。」「器
量大一點，說對不起。」

8. **過多或不當的詢問**：封閉式問題，像是：「什麼
時候發生的？」，「你做了這種事情會感到抱歉
嗎？」，可能感覺像是審問，或打斷說話者的思路。

9. **忠告**：教對方怎麼解決問題。「如果我是你，我現
在就會辭職。」「這很容易解決。首先……。」

10. **岔開話題**：刻意轉移話題來擱置對方的問題。「別
再想了！讓我們討論比較愉快的事情吧。」「你覺
得你很倒楣？讓我告訴你我發生什麼衰事吧。」

11. **邏輯論證**：挑選對方言論中「對自己有利」的面
向，通常未考慮摻雜的情緒因素來提出論據。「回
歸事實：要是你沒有買新車，我們就有錢度個不錯
的假期了。」

12. **安撫**：試著讓對方脫離現正感受的負面情緒。「別擔
心啦！黑暗之後就是黎明。」「船到橋頭自然直。」

為何這些路障是高風險回應？

乍看之下，這12道溝通路障似乎頗為無辜。讚美、
安撫、邏輯論證、提問和出於好意的忠告，經常被視為

人際關係裡的正向因素。行為科學家為何認定這十二種互動回應的方式，可能對溝通有害呢？

要特別說明的是，這十二種互動回應的方式是被視為「高風險」的回應，並非一定對所有的人際互動具備破壞力。它們比其他溝通方式更可能妨礙對話、干擾對方解決問題的效率、拉開雙方的情感距離，但有些時候使用這些回應，並不會產生什麼明顯的負面效應。

要是某人目前亟需找人說話，或是正在與艱難的問題拚搏，這些路障造成負面衝擊的可能性便大幅增加。實用的遵循原則如下：「當你或對方正在面臨壓力時，請避開所有路障。」不幸的是，我們偏偏就是在壓力臨頭時，最容易給出這些高風險回應。

這12道溝通路障基本上可以分成三大類：評斷、提供辦法和避開對方關注的重點：

1. 批評
2. 謾罵
3. 診斷
4. 帶評價的讚美 ｝評斷

5. 命令
6. 威脅
7. 說教
8. 過多或不當的詢問
9. 忠告 ｝提供辦法

10. 岔開話題
11. 邏輯論證
12. 安撫 ｝避開對方關注的重點

接下來，我們一一深入探討這三大類高風險回應。

評斷：最大的溝通路障

有四種路障屬於這類：批評、謾罵、診斷、讚美，它們是同一主題的變化形：評斷另一個人。

心理學家卡爾・羅傑斯以溝通為題發表過一場演說，指出他相信人際溝通最大的障礙就在於我們天生好評斷他人的傾向——無論贊成或不贊成對方說的話。[5]

沒什麼人覺得自己愛評斷他人。但在那場演說中，羅傑斯相信在他的聽眾之中，很多人評斷的傾向都比他們自己意識到的普遍：

> 今天晚上在你離開會場時，可能聽到有人跟你說：「我不喜歡那個人講的內容。」這會兒你會怎麼回應？你的答覆幾乎無可避免贊同或不贊同對方表現的態度。你可能會回：「我也不喜歡。我覺得那很糟糕。」或者你傾向回答：「喔，我覺得還不錯啊。」換句話說，你的第一反應是評估你聽到的話，而且是從你的角度、你的參照標準來評估。
>
> 再舉個例子，假設我真情流露地說：「我認為近來共和黨人的言行舉止展現了良好且穩健的理性。」聽到這番話，你心裡會產生什麼樣的反應？那極有可能帶有評價。你會發現你同意、不同意，或是對我做出某種評斷，像是：「他一定是保守派」，或是「他的想法似乎滿牢靠的。」

在同一場演說，羅傑斯還針對人類的評斷傾向提出另一個重要論點：

> 雖然幾乎所有語言交流都有發表評價的傾向，但這種傾向在深刻涉及感覺和情緒的情境中強烈得多。

因此，我們的感覺愈強烈，溝通就愈可能缺乏共識。兩種思想、兩種感覺、兩種評斷，將在心理空間錯身而過。我相信你一定有過這樣的經驗：聽到別人激烈討論，若你自己未投入情感，你離開時會想：「哎呀，他們講的根本不是同一件事。」確實如此。雙方都在評斷，都依照自己的參照標準做出評價，真的沒有哪句話稱得上具有實質意義的「溝通」。容我重複一遍：一旦聽到任何帶有情感意義的敘述，我們通常會從自己的角度對那句話產生評價，並依此做出反應，這種傾向就是人際溝通最大的障礙。6

批評

其中一種評斷類路障是批評。我們很多人都覺得自己該出言批判，否則對方永遠不會進步。爸媽以為自己必須評斷孩子，否則孩子永遠無法成為努力工作、功成名就的大人。老師認為必須批評學生，不然學生不會主動認真學習。主管認為必須批評員工，否則生產力可能一落千丈。對某些人來說，批評是一種生活方式。在後面幾章，我們會看到我們想透過批評（和其他路障）達成的目標，可以怎麼用其他方法更有效地實現。

謾罵和貼標籤

謾罵和貼標籤通常對互動各方都有負面的言外之意。「懶鬼」、「惡霸」、「耳根子軟」、「雙面人」、「在背後捅刀的小人」……這些都是加諸對方的汙名，但也有些標籤是獻上光環，例如：「聰明」、「勤勞」、「犧牲奉

獻」、「超出期望」、「幹勁十足」。

　　貼標籤會妨礙我們了解自己和對方 —— 在我們面前的不再是一個人，只是一種類型。心理學家克拉克·穆斯塔卡斯（Clark Moustakas）寫道：

> 標籤和分類讓我們看似了解對方；實際上，我們只捕捉到影子，而非實體。既然我們相信我們了解自己，也了解他人……我們便不再看見眼前和內心發生的事，不知道我們不知道的事；如此一來，便不會再花費心力釐清事實。我們繼續拿標籤來為自己和他人設定刻板印象，而這些標籤已經取代人與人之間的意義、獨特感，以及不斷成長的生命。7

診斷

　　診斷也是一種貼標籤的類型，聽的人不聽對方真正要表達的意義，反倒扮演起偵探來：「我知道問題出在哪裡……」，「你是這裡出錯了……」，「很明顯，你必須……。」或許你已經發現，當一個人告訴另一個人他是在辯解、自欺欺人、是出於內疚或恐懼或其他未察覺的動機或某種「情結」才有那樣的舉動時，溝通就會變得緊張或充滿敵意。即使本意在提供協助，診斷卻會低估且常過分簡化問題的複雜性和衝擊。

帶評價的讚美

　　一般相信所有誠實的讚美都是有益的。許多爸媽、教師、經理人等等，都贊成毫無保留的讚美。海姆·吉諾特寫道：讚美「被認為能夠建立信心、增進安全感、

激發上進心、鼓勵學習、產生善意、提升人際關係。」[8]
因此，乍看之下，讚美似乎沒有資格成為溝通路障的候選人。實際上，正面的評價也可能導致負面的結果。

我們常把讚美用作促使他人改變行為的招數，一旦出言讚美的人別有居心，怨恨常油然而生——不只埋怨試圖掌控的行徑，也憎恨感受到的操弄。人際關係專家大衛・奧格斯伯格（David Augsburger）說，人們不見得喜歡被稱讚；相反地，「被稱讚往往就會被操控。被稱讚往往就會被利用。被稱讚往往就是上當、中計、被甜言蜜語迷惑。」[9]

就算你意不在操控，讚美也很少發揮你真正想要的效用。你可曾注意到人們怎麼打發你的讚美？他們會用這類陳腔濫調否認：

「還好啦。」
「只是盡我的本分而已。」
「是團隊的貢獻。」
「運氣好啦！」

想要表達感謝和欣賞，讚美不是最有效的方式。讚美的訊息有時就是無法深入人心。當人們得知讚美的危險，他們常以為行為科學家相信所有類型的鼓勵都有害，但絕非如此。對他人表達正面的感覺，是人際溝通的要素，第9章會解釋有建設性的做法。

第二類溝通路障：提供解決辦法

第二組溝通路障和回覆解決方法有關，那可能化為忠告充滿關愛地給予、假借提問間接轉達、作為命令或威脅咄咄逼人地發布，或是像說教一樣理所當然地陳述。有些提供對策的方式明顯蘊含比較高的風險，前述這些提供對策的方式都是潛在的溝通路障，特別是當說話者有需求或遇到難題時，因為提供解決辦法往往會使問題更趨複雜，或是不但未能解決原本的困境，還會引發新的問題。此外，這樣的回應剝奪了對方自己想出辦法的機會，可能也在不經意間妨礙了對方成長。

命令

命令是強迫對方順從的單邊解決方案。一旦使用強制手段，人們很容易心生抗拒和怨恨，搞不好還會故意唱反調。經常接收命令行事的人，可能變得唯唯諾諾。命令也暗示對方的判斷不牢靠，因此很可能貶低自尊。

威脅

威脅是在提供解決辦法的同時強調，若未照那個辦法去做，必將受到懲罰。威脅造成的負面影響與命令雷同。

說教

很多人試著援引社會或道德的權威來支持他們的想法。說教的句子會用「應該」、「應當」，但也可能選擇其他的措辭，例如：「這是正確的做法。」「如果你真

的關心，就會多來看我。」就算沒有直接用「應該」造句，也有「應該」的意味。

說教會打擊士氣，也會助長焦慮、引發怨恨、阻止誠實自我表達、鼓勵陽奉陰違。

過多或不當的詢問

某些種類的問題在溝通方面占有一席之地，但提問也可能反而會中止對話，類似這些大家都耳熟能詳、有問等於沒問的例子，就是明證：

「你去哪裡了？」
「外面。」

「去做什麼？」
「沒什麼。」

日復一日，各地家庭的父母都會問孩子：「今天在學校過得怎麼樣？」日復一日，他們都聽到同樣有氣無力、有回答跟沒回答一樣的反應：「還好。」

有些人時不時問個問題，每當他們這麼做，對話就差不多到此打住。如果摯愛跟他們分享得太少，這些審訊者會拚命訴諸更多問題，希望對方起碼透露一些端倪，但追問只會進一步損害溝通。

有相當高比例的人口沉迷於發問，儘管不乏有建設性的方法允許我們偶爾提問（下一章將會介紹），但是過多的詢問通常會使對話失焦。魁北克人類發展研究所（Institut de Développement Humain）前所長賈克・拉蘭

（Jacques Lalanne）說：「在日常對話中，問題常是直接溝通的不良代用品。問題是不完整、不直接、蒙著面紗、無人情味的訊息，因此是毫無作用的訊息，徒然引發防衛和抗拒。問題很少是單純請求提供資訊，而是別有目的的間接手段，是一種操縱被詢問者的方式。」[10]

忠告

忠告是另一種常用的溝通路障，最糟糕的情況象徵著「干預優越情結」（interfere-iority complex）。雖然我明白、也指導過許多說明「忠告很少具建設性」的重要理由，雖然我也已經大幅減少自己給出的忠告，卻仍然發現自己一直在不當地給人忠告。對我來說，給忠告的陷阱是持續不斷的誘惑，我發現當我愛的人在跟我討論問題時，我最可能屈服於這種誘惑。

所以，「忠告」到底怎麼了？那常是在侮辱對方的智慧，暗示你不相信對方有能力理解問題、設法解決困難。如諾曼‧凱根（Norman Kagan）所言：「基本上，我們是在含蓄地跟對方說：『你小題大作了，在我看來，問題的解決辦法明顯得很──你笨死了！』」[11]

忠告的另一個問題是：給忠告的人很少理解問題的全貌。人們找我們分擔憂慮時，通常只會顯露冰山一角。給忠告的人並不清楚事情有多複雜，也不完全明白當事人的感覺，以及表面下藏有多少其他因素。時常自省的瑞典外交官道格‧哈瑪紹（Dag Hammarskjold）曾說：

不知道問題所在，
當然很容易
給出答案。12

第三類溝通路障：避開對方關注的重點

一名新聞工作者曾說，對話的第一定律是：如果有任何方法可能讓對話列車出軌，一定有人會做。剩下的三個常見溝通路障——岔開話題、邏輯論證、安撫，都是出了名的容易使對話出軌。

岔開話題

我們會用很多方式將對話從對方關注的事情，轉移到我們自己的主題上，最常見的一種就是岔開話題。「說到⋯⋯」這個詞，通常就是岔開話題開始的信號。很多被認為是對話的交談，其實不過是一連串的岔題。例如，我無意中聽到四個朋友在餐廳裡這樣聊天：

甲： 好痛的手術啊！我覺得我沒辦法撐過。

乙： 那還用說。我六週前才在紀念醫院割盲腸。真的痛死了！而且他們不肯多給我一點藥。

丙： 我兒子弄斷手臂的時候，就是被送去那家醫院。是拜爾醫生搞定的。

丁： 你們知道拜爾醫生跟我住同一條街嗎？她一天到晚請人去她家裡。她到底是怎麼兼顧的？

咦，甲的憂慮到哪兒去了？

人們有時岔開話題，是因為欠缺有效傾聽的意識和

技巧，有時是為了攫取眾人的注意力，有時扯開話題是因為對話激起的情緒令他們不自在。很多人不喜歡談論情愛、憤怒、衝突、死亡、疾病、離婚和其他令他們緊張的話題，當這些話題成為對話焦點時，他們便會將對話轉移到比較自在的主題上。

邏輯論證

邏輯具有許多重要的功能。然而，當另一個人受到壓力，或是兩人的意見牴觸時，提供邏輯論證可能令人勃然大怒。雖然乍看之下，這些正是我們最需要邏輯的時候，但是這時訴諸邏輯卻很可能使對方離你更遠。

在面臨個人或人際壓力的情境訴諸邏輯說理會造成許多問題，其中之一就是使對方在情感上跟你保持距離。邏輯聚焦在事實，通常會避開感覺，可是當對方遇上難題，或是雙方關係出現問題時，感覺才是主要議題。一旦我們用邏輯說理避開情感投入，就會退出、而非參與對方正在經歷的事情。

安撫

「安撫到底有什麼問題？」，這是很多人會問的問題。

就像其他十一道路障，安撫也可能挑起不和。海姆‧吉諾特寫道：

> 偶爾的偶爾，幾乎每個爸媽都聽過兒子或女兒宣稱：「我好笨。」知道他們的孩子不可能好笨，爸媽會開始要他們相信自己很聰明。

子：　我好笨。

父：　你才不笨。

子：　不，我超笨。

父：　你不笨。還記得你在營隊有多聰明嗎？顧問
　　　認為你是裡面最聰明的一個。

子：　你怎麼知道他怎麼想？

父：　是他告訴我的。

子：　是嗎？那他怎麼會一直說我笨？

父：　他開玩笑的。

子：　我很笨，我清楚得很。看看我的學校成績。

父：　你只是需要再用功一點。

子：　我已經用功很多點了，沒有用。我沒有腦袋。

父：　我知道你很聰明。

子：　我知道我很笨。

父：　（大聲）你才不笨！

子：　我就是笨！

父：　你不笨啦，你這個笨蛋！

吉諾特繼續解釋：

當一個孩子自稱很笨、很醜或很爛時，不管我們說
什麼或做什麼，都無法立刻改變他的自我形象。一
個人對自己根深柢固的看法，是很難直接改變的。
如同一個孩子對他父親說的：爸，我知道你是好
意，但我還沒笨到會把你說我聰明的話當真。[13]

安撫是一種看似能夠安慰對方，實則適得其反的做

法。「comfort」（安慰）這個單字，來自拉丁文的兩個字：「con」和「fortis」，合起來的字義是「透過共處來加強」。相反地，使用安撫的人通常喜歡「樂於助人」的概念，卻不想親身經歷助人帶來的情緒負擔。

第13號路障

很多人都能在別人的言行裡認出前述十二種路障，而且等不及指出來！這就是第13號路障：告訴對方他正在設置路障。第13號路障屬於「評斷」一類。因此，如果你想要改善你的溝通，伸出評斷的指頭指著他人，是糟糕的起點。

愧疚、自責、懊悔

聽了溝通路障的介紹，很多人會感受到陣陣愧疚的痛楚，驚覺原來自己的某些溝通模式會在重要的關係中形成障礙，甚至不必要地推開了自己與他人的距離。在我們的研討會上，與會者在聽完溝通路障的介紹後，通常會發表像這樣的心得：

> 「了解這三組路障之後，我不由得尷尬起來。想到我毀掉的那些場面，要是我早一點知道如何恰當回應，情況就會好得多……。」

> 「我一直以為自己是好聽眾，從未意識到自己也常有過失：我傾聽的方式其實是會關上溝通大門的。」

> 「你們辨識為障礙的回應，正是我一直以為有助於對話的回應，而其中有很多種我真的是一再使用！聽

你談論那些溝通路障時，我感到自責、懊悔。這些想法油然而生：『我是個失敗的父母，也是個失敗的老師。』『但願我十五年前就學會這些。』『我是怎麼活了四十年，卻一直都沒有發現這些都是溝通路障的？』」

「我原本對於設下這些溝通路障深感內疚，不過現在充滿希望了，畢竟不知道某些負面方法原來具有破壞力，就不可能修正自己。對我來說，學習這些溝通路障，就是積極行動的第一步。」

我們有時難免會設下這些溝通路障，偶爾使用應不致對人際關係造成太大傷害，不過若時常運用，就可能危害甚巨了。

所幸這些不良的對話習慣，都是可以修正的。因為讀到像本章這樣的內容而覺悟，就有莫大的助益。你可以想想你最想排除哪些路障，並且專心根絕？這項任務一開始恐怕相當困難且令人洩氣，因為溝通路障是習慣性的回應方式，而改變任何習慣都需要耗費時間和心力。在試著消除這些路障的同時，你可以一邊應用本書其他部分描述的溝通技巧。只要學習更有效地傾聽、自我維護、化解衝突和解決人際問題，使用溝通路障的機會一定會大幅減少的。

本章摘要

某些溝通方式蘊含高風險，可能會使對話失焦、損害關係、觸發他人的無力感、憤怒、依賴或其他感覺。一旦遇上你設下的其中一種或多種路障，對方可能會屈

從，也可能變得更加抗拒、更叛逆、更好辯。這些對話的障礙，往往會貶低對方的自尊、損害對方的幹勁。溝通路障在我們的文化十分盛行；綜觀有人遇上難題或亟需找人交談的對話，有超過90％會使用路障。不過，這些對話壞習慣都是可以修正的，而最根本的修正之道，就是運用本書接下來傳授的技巧。

第二部

傾聽的技巧

一個朋友，一個衷心想要理解、願意費心傾聽我們斟酌難題的人，可能徹底改變我們對世界的看法。[1]

——艾爾頓・梅奧博士（Dr. Elton Mayo），
心理學家、組織理論家

第 3 章

不只是聽到，高效傾聽

我常思索何謂人類真正的真摯，何謂真正的透明……那是罕見而困難的事物；而那主要取決於聽我們說話的人！世上有些人撤除障礙、使道路順暢；有些人破門而入，非法入侵我們的領土；有些人設障礙封鎖我們，在我們身邊挖壕溝、築圍牆；有些人和我們格格不入，只聽我們的虛情假意；有些人和我們永遠是陌生人，說著我們聽不懂的語言。而輪到我們傾聽的時候，我們是哪一種呢？[1]

——佚名

傾聽的重要

如果你是**一般人，「聽」占據你醒著的時間會比其他活動多**。一項針對各行各業民眾所做的研究顯示，他們醒著的時間，有70％花在溝通上。而在溝通的時間裡，「寫」占9％、「閱讀」占16％、「說」占30％、「聽」占45％。[2]也有其他調查凸顯不同行業的人，都會耗費大量時間在「聽」上面。[3]光看你每天在這上面花了多少時間，就知道有效的傾聽有多重要。

另外，你生命裡許多最重要的層面，都深受你的傾聽技巧（或缺乏傾聽技巧）影響。友誼的品質、家人的凝聚力、工作效率──這些都主要取決於你的傾聽能力。

可惜，很少人是優質聽眾。研究人員主張，就算是純粹的資訊，也有75％的口語交流遭到忽略、誤解或立刻遺忘。更罕見的是：傾聽對方話語中深刻含意的本事。跟人討論對你至關重要的話題，卻發現「聽眾」根本就沒聽進去，是破壞力多麼驚人、卻又多麼普遍的一件事。

在明尼蘇達大學發展創新「傾聽」課程的洛夫·尼可斯博士（Dr. Ralph G. Nichols）寫道：

> 好像不需要什麼資格，就可以說一般人不懂得如何傾聽。人有聽力極佳的耳朵，卻很少習得必要的……技能，有效運用耳朵來做所謂的傾聽……數年來，我們測試了人們理解和記得自己聽到什麼的能力……這些大規模測驗導向這個概括的結論：一般人在聆聽某人說話後，只約莫記得自己聽到的一

半——不論他認為自己聽得有多仔細。隨著時間流逝，會發生什麼事呢？我們的測驗顯示……我們會在八小時內，再忘掉三分之一到一半的事情。4

往往，對方講的話會「左耳進、右耳出。」

我們的社會之所以如此不善於傾聽，一大主因是我們很早就接受了嚴格的「有聽沒有到」的訓練。身心科醫師富蘭克林‧恩斯特（Franklin Ernst）指出，孩子常在他們最容易受影響的那幾年穩定地接收「反監聽法」，5爸媽會像這樣說話：

「你真的很愛小題大作。」

「假裝你沒看到。」

「不要那麼認真。」

「不要那麼敏感。」

「別讓他們稱心如意，知道你有聽到他們在說什麼，而且還為此煩惱。」

一般爸媽不只會訴說這些「反監聽」言論，還會在日常生活加以塑造。他們經常漫不經心地聽別人說話，可能不時打斷人家，還以各種溝通路障回應。經由言教和身教，我們從小就被教導要有聽沒到。

學校教育也共謀阻止我們發展有效的傾聽技巧。多數學校體系會實施大約六年的閱讀訓練，多半也額外提供課程幫助有閱讀困難的學生，但絕大多數的學校卻沒有開設實用課程開發傾聽技巧。這在我們這個社會真的沒什麼道理，因為畢業後，我們花在聽的時間起碼是閱

讀的三倍。

不但沒有接受有效聆聽的教育，一般學校的學生還會接受更進一步的「反監聽」訓練。一如父母，多數教師也不是好的聽者，也會在上課的日子示範漫不經心、插嘴和如何使用多種溝通路障。另外，典型課堂結構的聽／說比例，比人類所能應付的來得高。有些專家指出，課堂的講解，我們只能聽進去三分之一到三分之二。不管確切的比率為何，我們每個人都能體會：**一旦長期間聽人講話而毫無交談或回應，我們傾聽的效率就會大幅下降，最後心思會飄到其他主題上，而不再是說話的人在講的事情**。因為學生不可能有效地把學校強迫他們聽的所有談話通通聽進去，他們便學會在他人說話時關上腦袋。教師時常重複講一樣的話，而且內容乏味，又使得這個問題雪上加霜。

我們大多被訓練成不好的聽眾，偏偏我們花在聽的時間比什麼都多，於是傾聽的品質便大大影響了我們的生活品質，包括在職場和家裡。接下來，本章將會賦予傾聽定義、介紹重要的傾聽技巧，並且進一步分享提升有效傾聽的非言語技巧。

傾聽的定義

分辨「聽到」（hearing）和「傾聽」（listening）的差異是有幫助的。西南浸信會神學院心理學家翟耀翰（John Drakeford）教授寫道：「聽到是用來形容耳朵接收到聽覺、傳送給腦的生理感官過程。傾聽則是指更複雜

的心理程序，牽涉到詮釋和理解感官經驗的意義。」[6]換句話說，我可以聽到別人說些什麼，卻不是真的傾聽。一名青少年這麼說：「我朋友會聽我說話，我爸媽只聽到我說話。」

我記得有次跟朋友艾莉絲交談，我說的每一句話，她似乎都充耳不聞。「妳沒有在聽我說話！」我指責她。她說：「我有在聽！」，然後一字不差地複述我告訴她的事。她確實聽到了，但她沒有傾聽，她不了解我想要傳達的意涵。也許你有過類似的經驗，明白雖然對方確實聽到你說的話，卻不願真正傾聽理解的情況有多令人沮喪。

僅只聽到和真正傾聽兩者的差別，深嵌於我們的語言之中。「listen」（傾聽）這個英文單字源於兩個盎格魯薩克遜的單字：「hlystan」和「hlosnian」，前者意謂「聽到」，後者的意思是「靜待聆聽」。因此，「傾聽」（listen）結合了聽到對方說什麼，以及懸而未決的靜待聆聽——這需要強烈的心理參與。

三組重要的傾聽技巧

對許多人來說，學習當個有效率的傾聽者是項困難的任務。本書的方法簡化了學習過程，把焦點集中在單一技巧或一小組技巧，讓你可以一次專注於一種或一組技巧上。

你可以在有必要的時候專注於一種技巧，情況允許的時候著眼於一小組技巧——這樣的學習最有效率。一

旦覺得自己在那個領域有所進步，就可以轉向更進階的技巧組合。當你學會每一組傾聽技巧，就能把各種技巧融合成敏銳一體的獨特傾聽方式了。

本書分享的三組傾聽技巧如下：

技巧組合	確切技巧名稱
表現專注的技巧	• 投入的姿態 • 恰當的身體動作 • 目光接觸 • 不會分心的環境
跟隨的技巧	• 敲門磚 • 最少的鼓勵 • 不頻繁的提問 • 專注的沉默
反映的技巧	• 釋義；換句話說 • 反映情感 • 反映意義（將情感連結內容） • 摘要式反映

如果你覺得自己心有餘而力不足、很難完全做到，甚至不可能實踐專注和跟隨的技巧，請注意：這些技巧的精神是營造一種「心在這裡」的感覺，讓說話的人感受到你這個聽者是投入且關心的。請繼續讀下去，我相信你會找到方法，讓這些技巧適用於你本身的情況。

表現專注的技巧

專注是將身體的注意力給予對方，有時我會把這說

成「用全身上下傾聽」。專注是非言語的溝通，暗示你悉心注意正在講話的人。表現專注的技巧包括：運用投入的姿態、恰當的身體動作、保持目光接觸，和營造一個不會分心的環境。

專注與不專注的衝擊

有效的專注會在人際關係創造奇蹟，那向他人表示你對他們以及他們要說的話感興趣，這會使得對方更容易表達心中最重要的事項。反觀不專注，則很可能擾亂說話者傳達訊息的能力。

艾倫・艾維（Allen Ivey）和約翰・辛克（John Hinkle）描述了在一門大學心理課程表現專注的成果。他們訓練六名學生學會專注行為，然後錄下一名客座教授的授課。這些學生一開始表現出典型不專注的課堂行為。教授上他自己的課，渾然不知學生事先安排好的計畫。他照本宣科，沒打手勢、說話單調，也不怎麼注意學生。一收到事先安排的信號，學生開始刻意用身體表現專注。不到半分鐘，教授便比了第一個手勢，說話速度增快，接著課堂便活潑生動起來。簡單的專注表現改變了全貌。這時學生又收到信號，停止表現專注，教授尷尬地尋求回應不成，便恢復原本乏味的授課方式了。[7]

和一個坦率且全心投入的對象交談，是非常美好的體驗。以幫《星期六晚郵報》（*Saturday Evening Post*）繪製封面成名的畫家諾曼・洛克威爾（Norman Rockwell）回想自己幫艾森豪總統畫肖像的經驗：

我和將軍沒有討論政治或選戰，我們大部分都在聊畫畫和釣魚。但對於我和他共度的一個半小時，我印象最深的是：他如何把全部的注意力放在我身上。他聽我說話、跟我說話，彷彿他在這世上沒有其他煩憂，不曾經歷政治會議的磨難，也不是馬上就要競選總統。8

在傾聽別人說話時，表現專注是我們所能展現的最有效行為之一。

投入的姿態

由於身體語言通常比話語「更大聲」，投入的姿態對傾聽格外重要。亞伯・薛富倫博士（Dr. Albert Scheflen）和諾曼・艾許克雷博士（Dr. Norman Ashcraft）在著作《人類的領土：我們在太空時代的言行舉止》（*Human Territories: How We Behave in Space-Time*）指出：「身體的每一個部位，都可以擺出姿態來邀請、促進或維繫人際關係，也可以擺出姿態來中斷、阻止或避免參與。」9這種「放鬆的警覺狀態」（relaxed alertness）可以透過這些舉動展露：稍微傾身向前，直接面向對方、維持開放姿勢，以及與說話者保持適當的距離。

對話期間，好的聆聽者會透過身體展現放鬆的警覺來傳達專注。這是一種平衡放鬆和警覺的方式，同時傳達：「跟你在一起，我感覺自在，我接受你」，以及「我感覺得到你告訴我的事情很重要，我會集中心力來理解你。」用身體展現這些能量，可以營造有效傾聽的姿態。

☑**身體傾向說話者**，比往後靠著或懶洋洋癱在椅子上，更能夠傳達你感興趣且專注。英文慣用語「on the edge of one's seat」（坐在椅子邊緣），就用來比喻你為某事物／某人所說的話深深著迷。你會被對話吸引，不由自主地往前坐。相反地，有些聽者會無精打采地靠在椅子上，活像個假人模型，那種姿勢會讓專心說話的人多麼洩氣！

☑記得提醒自己：**要直接面向對方**。讓你的右肩正對著對方的左肩，這有助於傳達你的投入。反觀「給對方冷肩膀」（giving someone the cold shoulder）則是用來比喻，若你的姿勢沒有面向對方，可能會傳達冷漠或厭棄。

「直接面向對方」還有一個面向是要做到：視線高度與說話者一致。如果你對說話者而言是權威人士——爸媽、教師、主管——這點尤其重要。對方坐在椅子上，你坐在桌子旁邊，或是對方坐著而你站著，都可能是人際接觸的巨大障礙。常有幼童的爸媽說到在家中表現專注的這個層面有多重要。

☑**維持開放姿勢**，兩臂、雙腿都不要交叉，這是用姿勢表現投入的另一個重要環節。兩臂、雙腿牢牢交叉，通常會傳達封閉與防禦。棒球迷都知道當一隊總教練對裁判判決提出質疑時，可以期待看到什麼：總教練會衝向裁判大聲咆哮，而裁判基本上會兩臂抱胸，採取防禦姿勢，表示一點也不會退讓，任何爭論都是徒勞的。青少年也會做同樣的事：當他們反抗爸媽時，也常把兩臂交叉於胸前，暗示他們已封閉心靈，一點也不想

聽爸媽講話。

☑ **與說話者保持適當距離**是重要的專注層面，兩人距離過遠會妨礙溝通。C. L. 拉森（C. L. Lassen）研究了身體距離在前幾次精神科會談的影響。精神科醫師分別坐在離病人90公分、180公分、270公分遠處，透過病人可觀察的行為和自述來測量病人的焦慮程度。拉森發現，病人的焦慮跟他們與醫師之間的距離成正比，相距愈遠，焦慮愈嚴重。[10]

但是，若聽者距離對方太近，焦慮也會增加。有些心理學家證實，當美國人長時間彼此相距不到90公分，就會開始感覺不自在（在多數的西方社會，90公分通常是舒服的距離。）對話期間身體長時間距離過近可能引發感覺不適，即便溝通的兩人是伴侶或摯友也不例外。文化差異會影響交談時的理想距離，同一文化裡的個別差異也會。**你可以透過觀察說話者是否有焦慮不安的跡象，依此調整自己的位置距離，找出最能促進雙方溝通的距離。**

恰當的身體動作

恰當的身體動作是優質傾聽的根本。身心科醫師恩斯特在著作《誰在傾聽？》（*Who's Listening?*）中寫道：

> 聽即是動。傾聽就是為說話的人感動——身體及心理的……一動不動、連眼睛都不眨的人，可準確評估為沒在聆聽的人……當其他明顯的動作停止，眨眼速度掉到六秒一次以下，實際上傾聽已經停止了。[11]

一項非言語傾聽行為研究顯示，文風不動的聽者會被視為節制、冷淡、冷漠、矜持。反觀較主動的聽者——但不是反覆無常或神經兮兮的——會被感受為友善、溫暖、隨和、不故作姿態。大家都比較喜歡跟身體不僵硬、會動的聆聽者說話。[12]

☑ **避免做出令人分心的動作和姿勢**，這點與有效表現專注一樣重要。好的聆聽者是為了回應對方而動；無效的聆聽者會玩弄鉛筆或鑰匙、坐立不安、敲手指、壓按指節、不時轉換身體重心、一會兒雙腿交叉一會兒解開、一會兒翹腳一會兒放下，或是表現其他緊張的習性來流露自己的分心。在別人跟你講話的時候一直看電視、向路過的人揮手或點頭、繼續做自己的事（如備餐），都很容易使對方心煩意亂。

目光接觸

有效的目光接觸會表現出興趣和傾聽的渴望，那需要你柔和地將視線鎖定在說話者身上。一直看向別的地方、不時盯著人家或兩眼茫然，或是對方一看你就撇開頭去，都是不良的目光接觸。

目光接觸會讓說話的人明白你秉持開放的態度聽他們說話，讓他們對於自己要分享的事情更有安全感。同樣重要的是，你可以透過目光接觸「聽到」說話者更深的含意。確實，如果有效的傾聽意味進入對方的心、理解對方的觀點，走進內心世界的最佳路徑便是透過眼睛這扇「靈魂之窗」。

很多人難以建立適當的目光接觸。就像有些人在社交互動時不知道兩隻手要擺哪裡，也有一些人不知道眼神該如何停留。他們看向別的地方，可能是為了緩和不自在的感覺，也可能是怕顯得唐突或令對方尷尬。[13]（不過，誠如我們將在後面看到的，除了透過言語，高效傾聽者也會透過說話者的身體語言「聽到」他們要講的話。）除了怕尷尬，我們還會因為一個理由不看說話者的眼睛：那是人際交往最親密的舉動之一，而在許多社會，由於害怕感情升溫，目光接觸儼然成為禁忌。[14]

雖然有人覺得很難注視著對方的眼睛，我相信沒有人喜歡跟一個視線飄來飄去的人進行對話。每當我講話給那種人聽時，我會無法集中注意力講我要講的事。缺乏目光接觸，可能也是冷漠或敵視的象徵，可能被感受為輕蔑。

雖然可能做得過火，但我們研討會的參與者一致認為，目光接觸是最有效的傾聽技巧之一。很多原本覺得目光接觸很困難或尷尬的與會者，會練習更常注視對方的臉，直到對這種互動方式感到自在。

不會分心的環境

專注意味著全神貫注於對方，這在容易分心的環境裡是不容易辦到的。不會分心的環境——人與人之間沒有顯著實體障礙的環境，引人入勝、令人感覺舒服的環境——能夠促進對話。

專注的傾聽者，會設法將環境裡分散注意力的事物

減至最少。在家裡，你可以先關掉電子產品，提供無干擾、不會分心的環境，這對人際互動十分重要。在職場，你可以將手機設定為「勿擾模式」，如果有門就關上，如果沒有，就找個清靜的會議室溝通。

☑ **去除比較明顯、大型的實體障礙，能夠促成更好的溝通**。在辦公室裡，說話的人和聆聽的人之間通常有辦公桌侵擾。A. G.懷特（A. G. White）對病史訪談所做的研究發現，若病患和醫師之間沒有桌子阻隔，有55％的病患一開始就能自在地坐著；若病患和醫師之間有辦公桌擋著，只有10％的病患能夠輕鬆自如。[15]對一些人來說，辦公桌與權力地位有關；當聽者坐在辦公桌後方，互動會比較像是角色對角色、而非人與人的交流。如果辦公室太小，沒辦法找出空間另外擺兩張椅子進行對話，可以考慮把訪客的椅子擺在桌子的旁邊、而非正前方。

良好的專注能使我們更善於觀察對方的身體語言，這是傾聽的重要層面。如果有桌子或其他大型的實體障礙屹立在你和說話的人之間，要注意對方的身體在傳達什麼訊息可能就比較困難了。

心理上的專注

如前文提到的，運用這些技巧的目的，在於讓傾聽傳達心理投入和關注的感覺。身體的專注，可以促進這種心理的投入。

了解這點很重要：如果我在聽別人說話時假裝專

注，我只會騙到自己。**當聽者心不在焉，說話者是感受得到的。心理不在場，表現專注的技巧就派不上用場。**

刻意致力於專注

出乎意料地，我們發現多數人在我們指導專注技巧之前，對於專注就已經有相當正確的非正規知識了。在我們的研討會上，訓練講師常說：「請用姿態向我表明，你真的對我所說的感興趣。」這時團體裡的多數人，都能擺出相當不錯的專注姿勢。然後講師再說：「現在，請用你的身體姿勢告訴我，你對於我，或是我要告訴你的事情一點也不在意。」看樣子大家也都很清楚不專注的行為是什麼德行。既然大家都很清楚，我們為什麼還要那麼努力指導專注的技巧呢？

因為我們發現，指導這些技巧，能夠琢磨我們對於專注的認識。人們會再一次意識到這些行為有多強大，這能驅使很多人去做已經知道該怎麼做、但經常忘記做的事。而人們只要開始在恰當的時機表現專注，一定能夠獲得新品質的人際關係作為報酬。艾倫・艾維這樣說：

> 有些人可能會質疑專注行為或其他技巧有矯情之嫌……他們反對把人生視為一連串的練習，也反對讓個人不斷鑽研「一手提包的技巧」，以便適應每一種人生情境。他們的反對有其正當性。不過，我們的經驗是，個人有時確實是以造作、刻意的方式開始表現專注。專注一旦啟動，我們傾聽的對象就會變得比較活潑，而這反過來會強化專注者的信心，使他馬上忘記刻意表現專注的事，自然聚精會

神起來。我們有許多客戶和學員，都曾刻意表現專注的行為，結果發現自己對交談的對象深感興趣，進而全神貫注、渾然忘我。16

一般人傾向把溝通視為一種言語過程，學習溝通的人則是相信，大部分的溝通非關言語。最常被引用且以研究為基礎的評估是，我們的溝通有85％是不靠說話的！表現專注，也就是傾聽非言語的部分，顯然是傾聽過程的基石。

跟隨的技巧

跟隨的技巧是專注的言語層面，會向說話者傳達：「我有在聽，請繼續說。」你可以用四種方法表示自己有跟上：敲門磚、最少的鼓勵、開放式問題、專注的沉默。

敲門磚

我們在對某事感到厭煩或興奮時，通常會傳遞非言語的線索。我們會在臉部表情、語氣、身體語言和活力上透露這些感覺。舉例來說，平常熱情洋溢的東妮一連四天沒參與公司的茶水間閒聊了。這天她離開辦公室時，一個同事問：「妳這幾天看來不大對勁。好像在煩什麼事。想聊聊嗎？」東妮的同事用了敲門磚。

敲門磚是非強制性的談話邀請。有時沒有必要使用敲門磚，因為說話的人會直接開口。但有時候，你感覺對方想要聊聊，但需要一點點刺激，就像東妮那樣。也有些時候，說話的人已經開啟對話，卻不確定該如何繼

續。像這樣的敲門磚或許有幫助：「我還想再聽你多講一點。」

人們常在更適合使用敲門磚的時候把門關起來（設置溝通路障）。當孩子彎腰駝背、皺著眉頭從學校回到家，家長常以評斷的方式回應，使得孩子更不願意敞開心胸。

「你今天脾氣很大喔。」
「這次又幹了什麼好事？」
「要擺臉色去你房間裡擺。」

有時爸媽會試著安撫：

「加油啊。」
「情況會好轉的。一定會。」
「下星期你就不會記得今天發生什麼事了。」

在這樣的時刻，給予忠告是另一種受歡迎的策略：

「不要一天到晚無精打采，那於事無補。」
「你為何不去做些你喜歡做的事呢？」
「我相信，不管發生什麼事，都不值得毀掉你一整天。」

與其屈服於使用路障的誘惑，爸媽不如運用敲門磚：

「看來你今天過得很辛苦。如果你想聊聊，我有時間。」
「學校發生讓你不高興的事嗎？想要聊聊嗎？」

敲門磚一般包含四大要素：

1. **描述對方的身體語言。**「你笑了欸！」「你今天看來有點沮喪。」

2. **邀請對方開口或繼續說下去。**「想聊聊嗎？」「請繼續說。」「你說的我很感興趣。」

3. **沉默——給對方一點時間，決定要／不要說，以及要說些什麼。**

4. **專注——目光接觸、運用投入的姿態，向對方展現你的興趣和關注。**

這四大要素未必全部存在於每一塊敲門磚之中。我常和一個朋友分享想法和感受，一天，他見我煩惱，便指著一張椅子淡淡地說：「說來聽聽吧。」還有一次，他自個兒坐下來，身體傾向我，等我開口。這些簡單的開門舉動成效良好，因為我們之間本就充滿信任，時常自動透露心聲。若換成別人對我說這句話，我搞不好會更封閉。傾聽者的性格、兩人的關係和其他因素會決定在特定情況，什麼樣的敲門磚最有效。

要使用敲門磚，需要明白並尊重對方可能會有矛盾心理——他們可能既想開誠布公，又猶豫不決。如果說話者看似難以啟齒，凸顯事實可能會有幫助：「看起來真的很難開口啊。」

還有一招可以應對心裡糾結的人：確定你的敲門磚是邀請，而非命令。敲門磚不該是強制性的；不幸的是，有些人不只把門打開，還試圖把對方拖進去。

喬伊絲：　你看起來一臉難過，想聊聊嗎？

馬克斯：　不想欸。

喬伊絲：	我看得出來你很苦惱，什麼事都可以跟我說喔。
馬克斯：	我現在不想講。
喬伊絲：	你知道你真的該一吐為快。
馬克斯：	我知道，可能再等一會兒吧。
喬伊絲：	可是最適合傾吐的時機，就是你有所感覺的時候……。

　　都開門見山了，我們很難因為不被接受就放棄。但有同理心的人會尊重他人的隱私，小心不去侵犯。

最少的鼓勵

　　優質傾聽者的責任是給說話的人空間，聊聊他們見到和感受到的情況。很多人為了避免打擾說話者，卻陷入不參與的境地。能鼓勵說話者多說一點，又可以讓聆聽的人在過程中保持活躍的簡單回應，我們稱為「最少的鼓勵」，也就是「簡單的信號」，通知說話者你有在聽。這裡的「最少」指傾聽者說的話非常少，亦指他下給對話的指令非常少。我們用「鼓勵」一詞，是因為這些隻字片語有助於說話者繼續說話。少少幾個字就能讓對方知道你有在聽，而且不至於打斷談話或破壞氣氛。「最少的鼓勵」要散布於對話過程中，在互動初期階段，或許可以更頻繁使用，協助對話取得動力。

　　簡單的「嗯嗯」，或許是最常使用的最少的鼓勵。這組疊字可以暗示：「請繼續，我在聽，而且很感興趣。」除此之外，聽者還有許多簡短的回應可以運用，

例如：

多說一點。	哇。
嗯嗯。	是啊。
真的。	不可能。
我懂。	太瞎了。
沒錯。	喔喔。

你一定有你自己喜歡的措辭。最少的鼓勵不代表同意或不同意對方的說法，只是讓對方明白，如果他選擇繼續說，我們很樂意繼續聽。因此，當我用「沒錯」回應說話者的時候，未必代表我同意他說的話，我其實是想讓他知道「我有在聽──請繼續說。」

這類回應有時會被濫用。據說某位精神科醫師看診五十分鐘除了「嗯嗯」什麼也沒說，最後以「下星期我們再從這裡繼續」收場。這句話顯然被用得過火，也被機械化使用了。不過，若能審慎地與其他各種回應交替運用，這句話確實能夠協助說話者自我探索。

不頻繁的提問

提問是溝通不可或缺的一環。一如其他許多回應，問題有自己的長才，也有自己的局限。在我們的文化中，知道如何有效提問的人少之又少。我們經常過度依賴問題，卻又用得拙劣。問題時常聚焦在聆聽者的意圖、觀點和關注事項，而非說話者的取向；一旦發生這種事，問題就成了溝通路障。

我們把問題分成「封閉式問題」和「開放式問題」。「封閉式問題」會引導說話者給出明確、簡短的回應，例如「是」或「不是」。「開放式問題」則會給說話者空間探究思想，不會被聆聽者的資訊需求左右。封閉式問題像是測驗卷上的是非題或選擇題，開放式問題則像申論題。當一名員工和主管討論剛才碰到的緊急狀況時，主管可以問他封閉式或開放式問題：

封閉式問題：「情況控制住了嗎？」

開放式問題：「目前造成哪些影響？」

開放式問題通常比較可取，因為那並未暗示發起互動的人該怎麼做。

若用得巧妙且不頻繁，開放式問題或許有助於傾聽者在未主導對話走向的情況下更了解說話者。約翰‧摩爾蘭（John Moreland）、珍‧菲利普斯（Jeanne Phillips）和傑夫‧洛克哈特（Jeff Lockhart）曾著手研究開放式和封閉式問題，於研究報告中寫道：

> 對於提出開放式問題至關重要的概念是訪談由誰主導。當採訪者確實運用這種技巧來提出問題，他的問題會以受訪者關心的事情為中心，而非採訪者關注受訪者的事項。問題應設計成協助受訪者釐清自己的問題，而非為採訪者提供資訊……要是採訪者仰賴封閉式問題來建構訪問內容，通常會被迫努力集中心思在設想下一道問題上，因而無法聚精會神傾聽受訪者的心聲。[17]

除了問開放式問題代替封閉式問題，一次只問一題也很重要。若連珠炮般提出兩個以上的問題，說話者有可能會覺得受到審問，而不願分享那麼多。

儘管很多傾聽者以為提問能夠表現興趣，我教溝通技巧的經驗卻讓我做出這個結論：**大部分的人都問太多問題了。在一場對話塞入好幾個問題，很容易使傾聽者站到說話者對面、而非旁邊，支配對話的走向。**幾乎每一個我教過的學生，只要少問一點問題，就會是更好的傾聽者了。

專注的沉默

「智慧的第一階段是沉默，」十一世紀詩人兼哲人所羅門‧伊本‧蓋比魯勒（Solomon ibn Gabirol）說：「第二階段是傾聽。」

多數傾聽者都說得太多了，可能說得跟想說話的人一樣多，甚至更多。**學習以沉默回應的藝術，是優質傾聽的必備條件。**畢竟，要是你一直在講話，對方要怎麼描述他的問題呢。

傾聽者的沉默，能給說話者時間思索要說些什麼，進而更深入檢視自己。這也給他們空間感受內心翻騰攪動的感覺。沉默也讓說話者能夠依照自己的步調進行，給他們時間處理關於分享的矛盾。在頻繁的沉默空檔，他們可以選擇要不要繼續聊，以及聊得多深。沉默時常發揮「輕推一把」、讓對話更深入的作用。若互動包含有意義的沉默，且以良好的專注為後盾，成果可能十分驚人。

這些年來，我一再回味德國哲學家歐根‧赫里格爾（Eugen Herrigel）的一番話，那描述為什麼對於情緒強烈的人來說，沉默是如此強大的力量。

> 苦難的真正意義，只對習得同情藝術的人揭露……。慢慢地，他陷入沉默，最後一語不發坐在那裡，好久好久，深陷於內心深處。說也奇怪，這樣的沉默，對方不會感受為冷漠，不會覺得是令人煩擾而非平靜的淒涼的空洞。彷彿這種沉默比無數的言語更具意義。彷彿他是被吸入一個力場，而有嶄新的力量源源湧入他的身體。他覺得渾身充滿奇妙的自信……。或許就在這些時刻，決心誕生了，且將踏上會將悲慘境遇轉變成幸福人生的道路。18

沉默可能是受難者的香膏；那在歡天喜地的時刻也十分重要。親密的沉默多美啊。一晚，湯瑪斯‧卡萊爾（Thomas Carlyle）和愛默生坐在一起，一連數小時默不作聲，最後其中一人起身離開說：「我們共度了美好的一晚！」我曾和妻子朵特有過好幾次類似的經驗：我們靜靜地坐在爐火前，沐浴在彼此的深情中。誠如耶魯神學院教授哈爾福德‧盧科克（Halford Luccock）所言：

> 愛的沉默不是冷漠，也不是無話可說，那是一種正向的自我交流。正如同需要安靜才能聽到手表滴答響，唯有透過沉默作為媒介，才能聽到彼此的心跳聲。19

到我們這裡接受溝通訓練的人士，一開始多半對沉默感到不自在。哪怕只是對話裡出現幾秒的停頓，都讓

很多人侷促不安。他們覺得沉默是如此不堪，以至於心中有股強烈的衝動，非得插嘴問個問題、提個建議或發出其他聲音，來打破沉默、中止自己的不適。這些人關注的焦點不在於說話者，而是自己內心的不安。他們就像薩繆爾·貝克特（Samuel Beckett）《等待果陀》（*Waiting for Godot*）裡那個說了這句話的角色：「既然我們沒辦法保持沉默，就試著平靜地交談吧。」[20]

所幸，多數人都可以在相對短的時間裡，變得對沉默較為自在。只要明白靜默時可以做什麼，就不會對言語的空白時間——對於維繫溝通活力至關重要——那麼焦躁不安了。下列是我們可以做的事：

- ☑ 專心傾聽對方：讓你的身體姿態表現你真的有在聽對方說話。
- ☑ 觀察對方：注意說話者的眼睛、表情、姿態、手勢，這些全都在傳達訊息。
- ☑ 想想對方在傳達什麼。思考對方說過的話。想像說話的人可能有什麼感覺，或是假如換成你置身類似的處境，可能會有什麼感覺。

當你把焦點擺在做這些事情上，你的注意力會停留在說話者的需求上，對於沉默就不會那麼焦慮了。

不過，沉默未必一定是金。過多的沉默，可能跟喋喋不休一樣令人不快。毫無反應的聆聽者心智不活躍，而說話的人會覺得對方明顯心不在焉。沉默一旦過了頭，便會讓對方感覺你毫無反應，缺乏他需要的關愛。

　　高效傾聽者懂得在恰當的時機說話，也懂得在沉默是適當回應時保持沉默，並且對於這兩種行為都覺得十分自在。好的傾聽者既善於用言語回應，亦明白在有開創性的對話中，沉默有多重要。他們時常效法美國幽默作家羅伯特・本奇利（Robert Benchley），他曾說：「由於對語言掌控得宜，我什麼話也沒說。」

本章摘要

　　傾聽結合了聽取對方所說的話，以及聚精會神於正在講話的人。從這個事實即可窺見傾聽有多重要：我們清醒的時候花在聽的時間，比其他任何活動都多，而我們是否善於傾聽，直接影響了我們的友誼、家庭關係和工作成效。為了便於學習，本書將傾聽分成三組技巧詮釋：表現專注的技巧、跟隨的技巧、反映的技巧。專注可透過投入的姿態、目光接觸、適當的身體語言和維繫不分心的環境來展現，讓說話的人知道，傾聽者的心與其同在。跟隨的技巧——運用敲門磚、最少的鼓勵、開放式的問題和專注的沉默——讓傾聽者得以持續把焦點擺在說話者要傳達的事情上。下一章將會討論反映式傾聽的技巧組合。

第 4 章

反映式傾聽的四種技巧

充分傾聽意味密切注意言外之意。你不只
是「聽音樂」，還要聽出說話者的要旨。你
不只聆聽得知對方知道什麼，也聆聽得知
他們本身是什麼樣的人。耳朵依照音速運
作，遠比眼睛接收的光速來得慢。「生成式
傾聽」（generative listening）是在心中發
展深刻沉默的藝術，讓你可以將心智聆聽
的速度減緩至耳朵自然的速度，聽出言語
底下的含意。[1]

——彼得・聖吉（Peter Senge），
《第五項修練》作者、教育家

前一章著眼於傾聽的身體語言：專注的技巧和跟隨的技巧。傾聽也有需要使用言語的部分，我們稱為「反映的技巧」（reflecting skills）。要展現你理解對方的想法及感受，這組技巧必不可少。這一章將定義何謂「反映式回應」（reflective responses），並檢視反映的四種類型：釋義、反映情感、反映意義和摘要式反映。

釋義

「釋義」（paraphrasing）是給說話者「簡單扼要的回應」，用「傾聽者自己的話」敘述對方「內容的要旨」——引號內的文字凸顯了有效釋義的基本要素。

首先，好的換句話說簡單扼要。剛開始運用這項技巧時，很容易過於囉嗦，有時釋義甚至比說話者原本的訊息還長。若釋義不夠簡潔，說話者的思路可能會被打斷，高效傾聽者會學習濃縮自己的回應。

其次，有效的釋義只反映訊息的要點，會去蕪存菁，削除堵塞對話的枝微末節，聚焦於問題核心。好的傾聽者明白說話者訊息的重點在哪裡，只反映那一點。兩千五百年前，古希臘哲學家赫拉克利特（Heraclitus）就這麼說了：「要傾聽事物的本質。」

第三，好的釋義著眼於對方訊息的內容，處理事實或想法，而非說話者表現的情緒。儘管內容與感覺的分野是人為的，但釋義僅聚焦在訊息的內容。

最後，有效的釋義要用傾聽者自己的話語陳述。像鸚鵡學舌（照樣重複對方的話）與釋義天差地遠。像鸚

鸚學舌學人說話通常會扼殺對話，釋義若運用得宜，則可以大大促進人與人之間的溝通。

讓我們偷聽一下穆琳和朋友金的對話片段。穆琳想做個決定：要建立家庭，還是繼續公關公司的事業：

> 穆琳：　我不知道要不要生小孩。我熱愛我的工作……令人興奮，也具有挑戰性，待遇也很好。但有時我好想生個孩子，當全職媽媽。
>
> 金：　妳很喜歡妳的工作，但有時候很嚮往當母親。
>
> 穆琳：　（肯定地點頭。）

金用自己的話詮釋了穆琳話中的要點。

在像金這樣的釋義正中目標時，說話的人多半會說「對」、「沒錯」、「就是這樣。」也可能只是點點頭，或用其他方式暗示回應正確。在這個例子的對話片段中，穆琳就讓金知道她的理解正確。若釋義不精確，其實也沒什麼大不了的，說話者通常會糾正誤解。

多數學習傾聽技巧的人，在剛開始試著反映對方話中精義時，難免覺得尷尬。他們也擔心若使用反映的技巧，對方會覺得受辱或更糟：

> 「如果我把人家剛才告訴我的話反映給人家，人家會以為我瘋了。」
>
> 「別鬧了，要我在裝配線用反映式回應？我會變成全工廠的笑柄啦。」
>
> 「我孩子會說：『別鬧了，我剛剛才說過，不是嗎？』」

事實上，在反映內容這件事上，多數人已經做得比

他們所知道的多了。每當有人告訴你他的電話號碼，你很可能會一邊複述一邊寫下來，確定自己聽得沒錯。如果有人教你怎麼去好幾公里外、要轉好幾次彎的地點，你也可能會重複對方的指示來確定自己了解。多數人從過去悲傷的經驗中明白，在處理這樣的細節時，除非加以確認，只靠單方面傳達往往靠不住。我們打錯過太多次電話、轉錯過太多個路口了。溝通專家相信，這種多數人僅偶爾使用的方法，可以在我們的人際關係當中應用得更頻繁、更有技巧。若是如此，我們的日常互動會變得更準確，會有更多人從中受益。**釋義能大大降低誤解的可能性**，像我們複述電話號碼時所做的那種核對，可以更頻繁地使用。

反映感覺

反映感覺是用簡潔的說法，像鏡像一樣，反射對方傳達的情緒。葛倫告訴一位朋友：

葛倫： 我原本以為自己現在一定結婚了，結果戀愛接二連三失敗。

羅傑： 真令人洩氣。

葛倫： 可不是嗎。我找得到對的人嗎？

羅傑明白葛倫可能有各種感覺——孤寂、憤怒、挫折、恐懼、洩氣，或是這些互相交雜的情緒。在葛倫說話的同時，羅傑解讀他的身體語言，判斷洩氣是主要的情緒。後續對話證實羅傑的猜測無誤。

傾聽者時常遺漏一場對話的諸多情感面向，我們傾向把注意力集中在內容上。我們做出反映時，焦點常擺在事實多於感覺。傾聽者也可能提出徵求事實類答覆的問題，例如：「你做了什麼？」「事情是什麼時候發生的？」

一天，我正埋首於一項寫作計畫時，電話響了。是一個同事從芝加哥打來的。我很高興聽到她的聲音，但很慢才離開自己的參考架構。不一會兒她說：「我聽說一月那場原本邀我主持的研討會取消了。」「什麼？取消了？」我回應。「是啊，」她這麼說，然後我們就轉向別的話題了。掛斷電話後，我才恍然大悟自己是個多懶惰的傾聽者。我沒有抓到她那句話的重點，因為我不知道她對研討會取消之事有何感覺。我絲毫沒有鼓勵她聊聊自己的感受，所以她改變話題了。

後來，我開始拼湊我對那場研討會的認識。她原本獲聘主持一場在加勒比海郵輪上舉行的研討會，每天大部分的時間都可以自由享受陽光和娛樂。得知研討會取消，她一定非常失望。我也想起來我的朋友很氣自己那年冬天把行程排得太滿，害她沒有足夠的時間休息、獨處和交友。這一大段空出來的時間，應該能讓她趕上進度，並且享受更多寧靜和連結的片刻。或許我的朋友兩種感覺都有──難過沒辦法上郵輪，又慶幸有時間體驗較平衡的生活。我沒有善加傾聽，使我錯失一個支持朋友，且或許能夠深化情誼的機會。

當傾聽未能鼓勵揭露感覺時，我們通常無法領會說話者個人對於描述的事件做何感想──是高興、遺憾、

受挫、氣憤、悲痛，還是悲喜參半，百感交集？誠如心理學家威廉・詹姆斯（William James）所言：「感覺是有個體性的」，若我們無法充分察覺對方的情緒，就會遺忘對方的獨特性。[2]

如果有人在談論一個問題，反映感覺有助於那個人理解自己的情緒，進而尋求解決方法。我們身邊處處是資料，而感覺是能量充沛的作用力，能夠幫助我們整理資料、組織資料，並且有效地運用資料來塑造和執行相關行動步驟。

精進「聽懂感覺」的能力

雖然在對話中反映感覺實屬罕見，但我們每個人在長大成人的過程中，都學過如何「解讀」他人的情緒，我們當然可以精進這種技能。了解這點很重要：我們比多數人所了解的更擅長做這件事。你生命中可能有些時候，跟個人或團體聊沒一會兒，你就知道你的聽眾覺得乏味。他們從沒開口說自己覺得索然無味或心不在焉，但你就是明白他們的感覺，這不是很有趣的一件事嗎？就算對方什麼都沒說，你通常也知道他在生氣。還記得有些時候，對方隻字未提，但其實想要你幹什麼——而你心知肚明？還有些時候，有人非常喜歡你，但可能從來沒有用言語表明，但你就是知道。有些時候，對方可能跟你說這回事，但你很清楚他們的想法和感覺是另一回事。精神分析師與心理學家，憑藉多年的訓練與直覺，通常能夠了解或猜測人們的直覺反應。但令人驚訝

的是，沒受過什麼正規專業教育或溝通技巧的人，也能夠看透他人的許多感覺。怎麼會這樣呢？我們是怎麼發展這種極其複雜的能力的？

溝通技巧專家諾曼・凱根教授說，有些天生的敏感性可能是得自遺傳，但除此之外，

> 你也許觀察別人觀察了一輩子，觀察到許多原因，而教會你自己如何辨識別人的心情……小時候，你必須學習辨識爸媽的心情。你學會分辨什麼時候可以開口要東西，什麼時候不行。你學會感受爸媽的心情，預測他們接下來可能會做什麼。你學會分辨哪些東西是不是要給你吃的。從小到大，你逐漸學會關注他人的情感（情緒）。你第一次因為沒注意到校園小霸王快要發火的跡象而挨揍，便有充分理由學習下一次如何看人臉色。在學校或約會時，你必須注意一些你接收到的微妙訊息，否則就會嘗到苦頭。人類的心智是複雜得不得了的神經中心。要寫下你對於如何判斷別人的「氣息」或感覺所知的一切，恐怕需要好幾冊。3

我們每一個人固然都對情緒相當敏感，可立刻開始還算正確地反映感覺，但是光這樣還不夠。從參與我們溝通技巧訓練課程的數千名學員研判，一般的傾聽者可能會集中較多心力在內容、而非感覺上，因此不容易體察說話者的感覺，就算有些情緒在受過訓練的觀察者看來十分明顯。

佛洛伊德解釋過，我們是如何變得對情緒不敏感的。他指出，若每個人都依衝動行事、真情流露，社會

就會陷入混亂。為避免這樣的動盪，每個社會多多少少都會共謀反對情緒表達。在我們這個高度組織的現代社會，更是強烈約束太自由的感覺表達，像是住家、學校、公司、宗教會所等主要機構，大多有壓制情緒表達的傾向。制約如此普遍的結果，就是很多人覺得難以關注和反映別人的感覺，偏偏反映感覺正是有效傾聽的核心。

在我看來，人人都擁有部分開發過的能力，可以理解他人的感覺。關於這項重要且困難的技能，沒有人是從零開始的。在此同時，生活在一個壓制情緒的社會，會封鎖我們一些敏感的特質，讓我們更可能覺得在對話裡反映感覺是件尷尬的事。

我們課程的參與者在試著反映感覺時，大多想要知道可以如何更清楚察覺說話者的感覺。我們教他們把心力集中在四件事上：

1. 聚焦在感覺用語。
2. 注意訊息的內容大意。
3. 觀察身體語言。
4. 問自己：「若換成我經歷那件事，我會有什麼樣的感覺？」

① 傾聽感覺用語

如果你的目標在反映情感，一個顯而易見的做法，就是在對話中鑑定出用言語表達的感覺。人們偶爾會直接將感覺化為言語。

一個年輕專業人員這麼對他最好的朋友吐露：

我真的好喜歡我的工作。工作以外也有很多樂子。我忙得幾乎沒有時間思考，但一旦獨處，我就不由得緊張起來，因為當所有活動停止，我就得面對自己有多寂寞了。

現在，重讀一次這段話，找出最直接傳達情緒的詞語：**好喜歡、樂子、寂寞**。因此，我們或許可以用這麼一句話來反映對方的感覺：

「就算你有很多樂子，還是會寂寞。」

這樣的感覺在列印出來的書頁上，比在一來一往的對話中容易汲取。印在紙上可以一讀再讀，若用說的，就算使用的詞語像這個例子這麼明確而直接，聽者可能也不會注意到。我們傾向受事實吸引，而動輒忽略話語中關於感覺的線索。

當說話者用話語描述感覺，而且說得和身體語言一致，反映感覺的做法其實和釋義相同，只是要把焦點擺在說話者使用的感覺用語。

由於我們的文化動輒貶低表露情緒，對方話中用於傳達情緒的線索，可能不如上述例子明確。一位母親問她的孩子昨晚的約會開不開心？兒子回答：「還好。」這個回答傳達的感覺是「還好」，但「還好」在這次對話的脈絡是何意義？那說不定暗示：「你窺探我的私生活，我很不爽。」也可能真的意味昨晚落在「很糟」和「很棒」之間，是另一次雖然可以接受、但不非常雀躍的時光。要了解兒子真正的話意，他的語氣和身體語言也是重要的資料點。

② 從內容大意推斷感覺

因為我們都受到制約，不宜張揚我們的感覺，說話的人或許完全沒有使用感覺用語。所幸，他們講話的大意，或許能夠帶給你有關感覺的線索。

讀一讀下面這段敘述，猜猜艾瑞卡的感覺：

> 我完全被那個客戶給耍了。他找我去他們公司開了三次會，我花了好多個鐘頭處理提案的每一個細節，結果他通通透露給另一家廠商知道，把合約給了那一家。太不可思議了！

艾瑞卡可能對她的客戶或她自己感到氣憤，也可能兩者皆是。不過，她也可能感受到其他情緒，例如洩氣。留意艾瑞卡的身體語言，有助於更準確判斷艾瑞卡的情緒。

③ 觀察身體語言

要理解他人，例如艾瑞卡的感覺，最有效的一種方法就是觀察他們的身體語言。因為反映感覺對於有效傾聽是如此重要，也因為觀察臉部表情、語氣、手勢和姿態都能為一個人的感覺狀態提供重要線索，接下來在第6章將專門探討這個主題。

④ 我會有什麼感覺？

身為傾聽者，你有一部分的任務是聽出言外之意，尋找可能暗含在說話者所言內容和身體語言之中的感覺。這麼做的時候，不妨問自己：「若是我說這些話、

做這些舉動，我可能會有什麼樣的感覺？」因為每個人的情緒經驗都是獨一無二的，我們無法確定自己明白說話的人究竟有什麼感覺，頂多只能透過了解自己的內在反應來猜測對方的情緒。傾聽者可依據這種「推估」來反映對方的感覺。一般來說，不必我們多問，說話者會自動讓我們知道我們聽得對不對——透過點頭、說「對」或「沒錯」，或是出言糾正。

反映意義

透過簡潔的回應，把感覺和事實結合起來，就是反映意義。例如，瑪姬這樣對丈夫勞勃說：

> 瑪姬：我主管一直問我私生活的問題。真希望她少
> 　　　管閒事。
> 勞勃：她不尊重妳的隱私，惹妳不高興了。

感覺常是因為特定事件觸發的。下列左邊列出了我的感覺，請注意和右邊所列事件的關聯。

感覺	事件
高興	「出版社跟我簽了這本書的合約。」
難過	「有個好朋友要搬走了。」
惱怒	「我們上週達成的協議，一些相關人員沒有遵守。」
受挫	「印表機今天第三次卡紙。」

我們已經知道對傾聽者來說，關注說話者的感覺有多重要。前文也指出，理解說話者訊息裡的實際內容大

有幫助。心理學家羅伯特‧卡克赫夫（Robert Carkhuff）說：我們可以在心智建構的事物，比只能憑直覺感受的事物更容易化為行動。[4]當我們回應說話者的意義時——使他們氣餒或產生動力的感覺，以及跟那些感覺有關的內容——我們的傾聽通常最有效率。

如果我們知道如何分別反映感覺和內容，要把兩者組合成一句反映意義的話，就相對容易了。**剛開始學習反映意義時，套用這個句型通常會有幫助：「因為……（填入某件事或其他與感覺相關的內容），你覺得……（填入感覺用語）。」**

讓我們看看「因為……，你覺得……」這個句型，如何應用於一些實際情況。

> 麥特：　我以為自己不會獲得升遷，結果我升官了。另外，我們的新家對全家人來說都好極了！瑪莉和孩子們似乎都很滿意。
>
> 安娜：　因為生活各方面都很順利，你覺得很開心。
>
> 艾蜜莉：我老公快把我給逼瘋了！他原本說我們過得不錯，不必擔心財務問題。隔天我買了一些家用品，他就爆炸了。
>
> 傑洛米：因為他前後不一，妳覺得焦慮。

「因為……，你覺得……」的句型，幫助我們記得同時反映感覺和內容，也有助於讓回應簡短。這與那種堆砌詞語、贅詞一堆的對話截然不同，比如：「我想我聽到你說了……。」

很多人對於套用這種反映式傾聽的公式，抱持強烈

的負面感覺。事實上，這種公式就像在施工的房子外面搭鷹架，在那段期間非常有用，不再需要時就可以從你的回應技能組合裡移除了。在運用「因為……，你覺得……」的句型，用到簡單扼要的反映意義成為你的第二天性之後，你也許會想用更自然的說法來反映意義。「覺得」這個詞可以省略，「讓」、「既然」、「所以」、「以至於」等詞語，都可以代替「因為」來活化句型。運用這樣的變化，你的回應聽起來就不會那麼矯揉造作了。

> 「他的訊息亂七八糟，所以你很困惑。」
>
> 「你很高興新工作一切順利。」
>
> 「行程一改再改，讓你十分火大。」
>
> 「他們毫無反應，令你沮喪。」

在真實對話迅速發生的你來我往間，我們不可能一直運用反映意義，這麼做也不討喜。反映感覺、反映內容、最少的鼓勵、積極的沉默和其他回應方式，也扮演重要的角色。在一些對話，著重反映感覺可能最有幫助。偶爾，傾聽者多花點心力在反映內容上或許最為適當。不過，在許多情況中，最棒的傾聽者會非常仰賴反映意義。

有時候，儘管沒有言語交流，反映意義也是恰當的。辦公室經理安妮剛為公司接下一項新任務。這天結束時，待完成的工作似乎堆得跟這天開始時一樣高。同辦公室的特助麥迪森對她說：「妳工作得這麼辛苦，還有一堆事情還沒完成，應該有點沮喪吧？」

> **反映意義的成效，通常在琢磨成單一簡潔句子時最好——愈短愈好。雜亂無章的回應會阻礙溝通。**

摘要式反映

　　摘要式反映是簡單扼要地回顧說話者在較長時間的對話裡表達的主旨和感覺，它如穿針引線一般將對方說過的話繫成具有意義而連貫的整體。著名瑞士心理學家卡爾・榮格（Carl Jung）於1907年首度拜訪佛洛伊德，之後告訴一名同事那次經歷。榮格有好多話想跟佛洛伊德說，而他滔滔不絕地講了三個小時。最後佛洛伊德打斷他，令榮格瞠目結舌地，他開始將榮格的獨白精確地分成數大類，讓兩人能夠以更充實、更豐富的交流共度剩下的時光。[5]

　　摘要式反映可幫助說話者理解自己分享的完整內容。傑拉德・伊根給了這個例子：

顧問：　讓我們回顧一下目前為止聊到的。你情緒沮喪、憂鬱——不是一般的低潮，這次一直徘徊不去。你擔心你的健康，而這似乎比較像是憂鬱的症狀而非成因。你的生活有些問題尚未解決。首先是你最近換了工作，那代表你再也無法時常見到你的老朋友。生活區域也大不相同。還有個問題——你覺得痛苦又難堪的——是你為了保持年輕投入資金。你不想面對愈來愈老的事實。第三個問題是你過度投入工作——過度到當你一完成一項長期專案，生活突然就空虛了。

客戶： 你說得這麼露骨，聽起來怪尷尬的，不過八九不離十。我真的得仔細檢視我的價值觀。我覺得我需要新的生活方式，一種更能與人直接接觸的生活方式。[6]

在雙方的需求有所衝突，或有問題需要解決的情境，摘要也很有用。潔思敏和父親討論她大學畢業後要繼續上研究所，或是離開正規教育一年、吸取一些實務經驗。在一起討論四十五分鐘後，父親說：

這個決定真的讓妳萬分苦惱。妳覺得，研究所是妳這輩子某個時候一定要念的，但是不確定大學畢業直接修碩士是否明智。妳也擔心我的財務狀況，因為妳的教育已經花費好幾萬美元了。妳也想跟約瑟夫結婚——妳不知道他會不會再等兩年，等妳完成學業。如果這些理由還不夠，妳還覺得研究所逼妳馬上做決定，讓妳壓力很大，因為如果妳決定要念，就得馬上拿到需要的財務資助。

在說話者看來失去動力時，摘要也派得上用場。簡要重述對方說過的話，或許有助於引導對話走向結論，或為下一個階段提供方向，例如：給予安慰、建議、進一步探究等等。

摘要的目的之一是給說話者一種「動」的感覺，來繼續探究內容與感覺。如果兩人的對話不只一場，在傾聽某人鑽研某個議題時，摘要可用於「前情提要」。因為說話者在兩次對話之間，可能產生重要的想法或經歷，務必先詢問對方是否有任何見解，以及如果有，是否想加以討論。

套用下面這些句型，或可幫助你開始運用摘要的技巧：

「你一直回頭討論的主題似乎是……」

「我們簡單回顧一下之前說的……」

「我一直在想你之前說過的話。我發現好像有個規律，我想跟你確認一下。你……」

「照我先前聽你說的，你最關心的似乎是……」

（然後舉例。）

　　摘要式反映的效益，可以從對方接納的程度判斷。好的摘要通常能夠幫助說話者看清整體不只是部分的總和。儘管摘要裡沒有新的素材，那在說話者心目中卻可能是新的，因為那是第一次這樣拼合起來。另外，有效的摘要也能在做結論時，把一場對話鬆散的線段綁在一起。

本章摘要

　　高效傾聽者會針對說話者所言做出反映式回應，會用自己的話重新敘述對方表達的感覺和內容，藉此傳達理解與接納。有四種基本的反映技巧。第一種是釋義，聚焦在說話者的內容。反映感覺是當傾聽者專注於感覺用語，從內容推斷感覺、「解讀」身體語言，以及問「若是我說這些話、做這些舉動，會有什麼樣的感覺？」，並將那種感覺反映給說話者知道。結合感覺和內容的反映稱作「反映意義」。「摘要式反映」則是簡單扼要的重述，濃縮出長時間對話中最重要的因素。

第 5 章

反映式回應為什麼有效？

學習提高傾聽成效的人常不禁納悶，我們為什麼要如此著重反映式回應？剛接觸這種概念時，他們常認為這種傾聽方式太死板、太機械化、不夠「自然」。本章將深究這些顧慮，並檢視人類溝通方面六種可透過反映式傾聽減輕的問題。本章最後，我將針對如何克服對反映式傾聽成效的疑慮，提出我心目中最好的辦法。

傾聽的風格與結構

參加我們研討會的學員常說：「如果要做反映式傾聽，我得停下來考慮如何回應。這麼一來，我就不是我了。運用這種傾聽技巧，城府太深、太刻意了。」有三個基本議題，通常跟這種顧慮有關。

首先，人在學習一套新技能時，通常會先經歷尷尬、忸怩的階段，才會對新技能感到自在。在練習一種新方法時，一個人的能力通常會先下降。以前打籃球時，有次教練要我改變某種投籃方式，接下來幾天，我的投籃命中率驟降。但不用多久，我投得就比以前準了。與此類似，人們剛開始使用這些傾聽技巧時，經常告訴我他們好努力不要設下溝通路障、好努力做出反映式回應，以至於沒有跟上說話者所說的話！很多人確實會發生這種情況，所幸這只會維持一小段時間。

有人把改善溝通的過程分成四個階段。第一階段，剛認識到你一路設下的溝通路障造成多大的衝擊，你會感到內疚。然後，當你試用這些技巧，這些「新」的溝通方式看來呆板又造作，感覺很假。用了幾週，你可能

開始覺得熟能生巧。最後，在經常使用之後，這種新的人際互動方式，已經完全融入你的溝通風格，你可以很自然地做好，完全無須刻意，這些技巧儼然成為不自覺的習慣。

第二個相關議題是：這種傾聽方式牽涉到的結構量。傾聽技巧的初學者，時常覺得反映式回應受到太多規則支配，因此看似矯情，而且會打斷對話的自由流動。其實，就連流動最自由的互動，也是深受結構限制、規則支配的交流。NLP創始者理查‧班德勒（Richard Bandler）和約翰‧葛瑞德（John Grinder）寫道：

> 人類溝通時──我們說話、討論、書寫時──幾乎從未意識到自己遣詞用字的方式。語言遍及我們的世界，我們在其中穿梭，就像魚兒水中游。雖然我們從未或幾乎沒有意識到我們形塑溝通的方式，我們的溝通活動──運用語言文字的過程──也是高度結構化的。

比方說，如果你調動了現在讀的這個句子的詞語順序，把它倒過來講，結果就會變成胡說八道。顛倒後的語序是這樣的：「胡說八道變成就會結果，講倒過來把它，順序詞語的這個句子讀的現在調動了你如果，說比方。」班德勒和葛瑞德繼續說道：

> 我們的行為……溝通是受規則支配的行為。就算我們通常不會意識到溝通過程的結構，那個結構、語言的條理，是可以透過規律理解的。[1]

　　世界上沒有「無結構的溝通」這種東西。有些能夠促進清楚溝通的規則，已經相當有效地在社會裡傳播開來，其他重要的溝通結構，例如反映式傾聽，則鮮少傳播。因此，當我們學習這些新技巧時，乍看之下它們既奇怪又造作，但其實並沒有比句子結構、拼字和其他規則更人工。

　　就算遵循語言規律和傾聽技巧的結構，我也可以將自己的個體性融入對話之中，這就是我所說的「風格」。風格會透過各種非言語元素、特別的措辭、說話的速度和其他揭露「真實的我」的要素，表達出獨一無二的自我。雖然我選擇運用的技巧，可能和別人雷同，但那不代表我們的溝通模式相仿。我們的風格截然不同，因此我們的每一種人際互動方式也都是獨一無二的。

　　許多領域都見得到諸如此類的差別，例如：吉他老師會建議初學者採用特定指法。但是，就算運用一模一樣的方法（指法），就算是演奏同一首歌，每名吉他手彈出來的樂音依然迥異，因為他們都呈現出自己獨特的風格。

　　最後，第三個議題是，儘管某些種類的自發性令人嚮往，其他種類的自發性卻極具破壞力。人需要檢視自己的「天生反應」，明白哪些會造成何種影響。如第2章提到的，溝通路障——通常是不由自主地使用——可能會挑撥人與人的不和，一旦反覆使用，更可能削弱雙方的力量。

　　當人們夠頻繁運用反映技巧而變得嫻熟，當人們了

解所有人際溝通相當程度都受到規則支配，當人們明白不由自主設置溝通路障的破壞力有多驚人，通常就願意訓練自己在適當時機運用反映式傾聽了。

人類溝通的六大怪僻

人類溝通有六大難題，使得反映式傾聽變得更加適切有用。其中四個難題常見於說話者，兩個常見於傾聽者。關於說話者的第一個難題是，詞語的意義因人而異。第二個難題是人通常會給訊息「編碼」，說「暗語」，掩蓋住真正的意義。第三個是人慣於拐彎抹角——明明那件事對他們重要得多，卻在講這件事。最後，很多人難以連結和有建設性地處理自己的感覺。聽者也有自己的困擾，很容易分心而遺漏說話者的訊息，也常透過濾器聽人說話而扭曲真正的話意。接下來，讓我們分別仔細探究每一種溝通問題。

詞語：不精確的溝通工具

我們最想表達的經驗，往往無法完美地嵌入詞句之中；我們無法精確表達我們的意思。如英國數學家、哲學家阿爾弗雷德・諾斯・懷海德（Alfred North Whitehead）所言：「語言傳達資訊的成就被嚴重高估了。」[2]丹麥科學家皮亞特・海恩（Piet Hein）也對此難處發表過意見：「想法在文字裡來來去去，就像空氣在門窗敞開的房間裡進進出出。」[3] T. S. 艾略特則在詩中告訴我們：

言語，
禁不起負荷，禁不起緊張，
會扯緊、迸裂、折斷；
又因為不精確而游移、閃失、消逝、陳腐，
不會原地逗留，不會靜止不動。4

反映式傾聽能夠提升溝通水準，是因為那有助於核對傾聽者對說話者的理解是否正確。在對話的很多時間點，運用反映式傾聽技巧的人會以自己的話，重複他們聽到說話者述說的意旨。如果其中有所誤解，說話者可以立刻糾正。

說話者「編碼」的意義只能揣測

世界級領導人想要傳達對舉國上下都很重要的敏感資訊時，會傳送加了密語的訊息，希望他國密探聽不懂。在正常對話期間，我們也常做類似的事情：不時會對真誠表達的渴望感到矛盾。一部分的我們迫不及待想讓自己為人了解，另一部分的我們想要繼續躲藏。所以，我們時常發現自己在談論想法時含糊其辭，談到感覺時更曖昧不明。就像軍隊為國家安全用密碼隱蔽訊息，我們每個人有時都會為了個人安全，選用各種方式來給訊息「編碼」。

我們經常在無意間給訊息編碼。我們從小就被訓練成在很多主題和感覺上，不要那麼直接地表達自己。

人人都花了一輩子的時間，給自己的訊息編碼和幫他人的訊息解碼。例如，我的孩子還小的時候，常在上

床就寢時問一大堆問題，通常這些問題真正的意思是：「請再陪我一下。」一個丈夫每天一早都端咖啡到床頭給妻子喝。妻子幫這種舉動解碼，聽到真正的訊息是：「他愛我，想要在小地方告訴我。」一名經理人告訴部屬，她會把他的報告呈交給公司。部屬把訊息解碼，聽到弦外之音：「她很滿意我的表現。」

不幸的是，這種解碼行動不見得每次都如此順利。首先，我們時常忘記考慮是否需要解碼他人的訊息。

幾年前，我收到一對朋友寄來的信，那時我不知道他們遇到嚴重的婚姻問題。我覺得那封信很有趣，所以拿給妻子朵特看。她說：「他們的婚姻出狀況了，寫這封信是在請求協助。」我重讀這封加了層層密碼的信，終於發現隱藏的苦惱跡象和求救訊號。我馬上去拜訪他們，發現朵特說對了——他們的婚姻觸礁、瀕臨破裂，而亟欲找我聊聊。

溝通不良的一個基本原因是解碼永遠是猜測。我們可以聽其言、觀其行，但言語和行動蘊涵的意義，我們就只能推斷了。

下頁圖表5.1顯示一個人的行為很容易觀察——那位於最外圈，但一個人的思想就非直接見得到了；對於思想，唯一的線索是那個人的行為（言行）。情感被畫在個人的核心，因為那是被非常小心隱藏的。一如思想，要明白一個人的感覺，唯一的線索是間接透過他的行為。

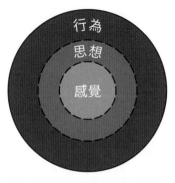

圖表5.1 一個人可以看到或聽到對方的行為，思想和感
覺只能猜測。

當一個人試著對別人說些什麼時，這是一個非常不
精確的過程。一段陳述的傳送和接收，如圖表5.2所示。

話語的意義	如何傳送	如何接收
說話者的思想和感覺（私密的，只有自己知道。）	說話者的言語和行動（多半是不精確或半遮掩的思想和情感表達，甚至試圖隱瞞。）	聽者詮釋說話者言行背後的意義（私密的，只有聽者知道。）

圖表5.2 溝通過程的不精確

讓我們看看這些不精確的傳送與接收過程，是如何
在日常生活中運作的。一名銷售經理嚴厲地對一個部屬
說：「你得開始嚴肅看待你的工作了。你就是不像我們
其他人那麼敬業。」一如慣例，這句話真正的意思和被
接收到的不一樣。這句評論的編碼（把感覺和思想放進
話語或行動）和解碼過程，如圖表5.3所示。

話語的意義	如何傳送	如何接收
「你的銷售成果比業績目標低了20%。」	「你得開始嚴肅看待你的工作。你就是不像我們其他人那麼敬業。」	「經理認為我不適任這份工作。」

圖表5.3 典型的「編碼－解碼」過程

　　我們多半不正確地譯解他人的訊息，而這種傾向會造成雙方不必要的誤會。因為說話者的思想和感覺是私密的，傾聽者只能加以揣測。偏偏傾聽者對說話者話意的詮釋也是私密的，只有傾聽者自己知道，雙方可能都沒有察覺誤解已經存在。

　　像這樣的誤解其實不需要發生。在前述這個例子中，那位經理可以說得更直接、更精確——我們將在本書第三部鑽研相關技能。不過，那位部屬原本也可以運用反映的技巧來釐清這個溝通問題：

銷售經理：　你得開始嚴肅看待你的工作了。你就是不像我們其他人那麼敬業。

銷售代表：　聽起來你好像認為我不適任這份工作。

銷售經理：　喔，不是那樣。我是在擔心你的銷售成果比業績目標低了20%。

銷售代表：　你主要是在擔心我沒有達成業績數字。

銷售經理：　沒錯，就是這樣。我今年的首要之務，是讓這個部門的每一位業務員達成自己的業績目標。有什麼我幫得上忙的地方嗎？

銷售代表： 這個嘛……我在一個目標客戶那裡遇
上麻煩。下次可以請經理跟我一起去
拜訪嗎？如果搞得定那個客戶，我就
可以超過業績目標了。

「這不真實！」讀到像這樣的對話，很多人心裡會這
麼想。「在現實生活中，人們才不會這樣講話呢。」確
實如此，多數人都不會這樣講話，但多數人「正常交談」
所產生的誤解卻十分巨大。而在某些組織，每當有人面
臨壓力，其他人就會用這種方式傾聽，誤解發生的機會
明顯減低許多。

提出的問題可能不是最大的煩惱

當我們開啟一段對話時，很少立刻傳達最煩惱的
事。一名參與諮商的女性說：「諮商開始前，我好怕談
到那個話題，也好怕沒有談到那個話題。」這種要不要
談到最重要事情的矛盾非常普遍；最重要、最該分享的
事情，往往也是我們最脆弱的領域。

人人都會隱藏大半的自己不讓人看見，人人某種程
度都會在世上「隱姓埋名地旅行」。然而，我們有時最
想要討論的事情，正是我們最小心隱藏的事情。這往往
會導致「拐彎抹角」的現象發生：我們會繞著敏感的話
題兜圈子，有時還會包裝成不同的主題丟出來。

心理學家有時會提到「提出來的問題」（presenting
problem）和「根本問題」（basic problem）。爸媽聽到
孩子抱怨在學校遭到不當對待時，可能會去找教師或輔

導老師興師問罪。透過有技巧的傾聽，話題可能會轉向爸媽「更大的」憂慮。他們也許真的在意孩子在校獲得的待遇，但是別的事情，例如：他們在家裡應付不了孩子，或許才是潛藏他們心裡的根本問題。

很多人說話都會先測試水溫，看能否將生命脆弱的領域託付他人。研究顯示，展現理解和接納的同理反映，遠比我們文化中較典型的回應，更可能促進這些重要領域的探索。不幸的是，多數人傾向鎖定和解決最不重要的問題──提出來的問題──使得更關鍵的問題和議題依舊隱蔽。**針對小問題提出良好對策，對更深切的憂慮卻連碰都沒碰觸，是企業、政府、學校、家庭和其他機構效率不彰的一大源頭。**

説話者可能對自己的情緒渾然不覺，甚至被吞沒

很多人都經歷過兩種感覺問題：一方面，我們經常未能察覺自己的情緒；另一方面，感覺有時如此波濤洶湧，使理性喪失作用，我們發現自己危險地失控，而無法主導當時的命運走向。第一種情況是我們對自己的情緒視而不見，第二種情況是我們被情緒蒙蔽雙眼，反映式傾聽在這兩種情況都有幫助。

我們的文化教人壓抑自己的感覺，孩子從小就被大人教導要扭曲或壓抑自己的感覺。「對你妹好一點。」「別再哭了。」「要我告訴你多少次，不要亂發脾氣！」「讓別人玩你的玩具會怎樣？」「我不在乎你有什麼感覺──做就對了！」「你不知道什麼對你是好的。」「停

止那種愚蠢笑聲。」

　　男人似乎被允許擁有某些感覺，但是不准有其他感覺。一般來說，男人感到憤怒和採取有侵略性的行動，是可被接受的，但是不可以輕易承認害怕，也不可以過於順從。女人被允許感受恐懼和哭泣，卻被教導不可表達、甚至別去察覺憤怒，就算已經被憤怒給吞沒。其他文化制約還教導女人，以及特定種族和宗教次文化的民眾，將他人的需求置於自己的需求之前。

　　一旦情緒受到壓抑，人就會過著萎縮和受阻的人生。我們的情緒有助於塑造我們的價值觀。價值觀是我們動力的根本，有助於決定我們人生的方向和目標。情緒供給我們解決問題所需的線索，也是我們人際關係的核心。「情緒鏡子」的功能，是如實反映感覺，毫不扭曲：

> 「你看起來好像很生氣。」
>
> 「你聽起來很討厭他。」
>
> 「你似乎很厭惡這樣的安排。」

　　其他時候，我們不是情緒麻痺，而是被情緒淹沒。碰到這種情況，感覺會封阻我們的理性能力。我們常說「被強有力的情緒掌控」，就是暗示在那些時刻，我們的感覺侵奪了我們的內心、控制了我們。一旦我們受情緒支配到理性或意志力都發揮不了作用的地步，就可能做出對自己或他人有害的舉動。在這種情境下，反映式回應可以幫助我們處理自己的感覺，取回理性能力。

　　很多人相信，如果我們鼓勵情緒激動的人聊聊情

緒，那些感覺會變本加厲。世人也普遍認為，受情緒掌控的人如果把情緒說出來，更可能會依照情緒行動。通常反過來比較正確：當一個人有機會和有同理心的傾聽者聊聊強烈的感覺，出現不理性行為的可能性不增反減。**暢談感覺層面的過程，會排掉許多過剩的情緒，讓說話的人不再那麼需要將感覺付諸不理性的行動。**

很多傾聽者很容易分心

說出真正的含意固然不容易，對話另一端的傾聽者也經常受一些問題困擾。很多傾聽者很容易分心，很容易在說話者講話的時候，被自己的思緒淹沒。另外，我們全都起碼自帶了一些情緒的濾器，會攔阻或扭曲一些傳送給我們的意義。現在讓我們看看反映式回應可以透過哪些方式，幫助傾聽者更有效地解決這些問題。

不良傾聽的主因之一是：人的思考速度可以比說話快得多（優質傾聽亦然）。多數美國人平均一分鐘可以講125個英文單字，這個速度對耳朵和大腦來說相當慢，它們可以處理速度四倍快的詞語。當我們聆聽時，我們有大量多餘的心力可以用來思考。

傾聽者常不當運用他們額外的心智能力。儘管一開始興味盎然地聽朋友說話，我們的心智可能會因為對話緩慢的速度而覺得乏味。我們很快就會發現，就算騰出一部分的心智，仍能接收一些訊息。所以，在朋友繼續說話時，我們會開始計畫隔天的工作，或是回味上週網球的勝仗。我們時不時會回去專心聽一下、確定對話的

方向，做出一兩句適切的評論，但多數時間是在想自己的事。有時候，我們會錯過對話裡的轉折或朋友傳達的微妙之處，以至於錯失朋友分享的重點。

還記得《龜兔賽跑》的寓言嗎？不稱職的傾聽者最後常落入兔子的困境。兔子和速度慢的烏龜賽跑，中途停下來到路邊睡覺，烏龜最後超越兔子贏得勝利。兔子醒來時已經太遲，追不上了。不稱職的傾聽者會脫離軌道好一會兒，然後赫然發現，雖然說話者講話的速度比較慢，卻已經跟不上對方表達的想法了。

當然，很多時候，我們勉強可以一邊脫離主題，一邊足夠專注於對話，仍能相當充分地了解對話內容。但是依照我的定義，這不能算是良好的傾聽。當這種情況發生時，我們並未深刻投入到互動之中，並未以豐富、充實的方式與對方同在。

各種濾器扭曲了聽者聽到的

心理學家翟耀翰教授寫到「專注的濾器」，能夠防止我們被與日俱增轟炸感官的資訊徹底擊潰。我們的大腦會透過濾出日常生活中的噪音，努力提升我們的「訊號雜訊比率」，使我們能夠專注於最重要的事情。但「儘管我們『不傾聽』的天生傾向顯然有明智之處，」他寫道：「這種保護機制也會幫倒忙，害我們漏掉很多該聽進去的事情。」[5]

除了翟耀翰教授描述的「專注的濾器」，我們每個人也有或許可稱為「情緒濾器」的東西，會封阻或扭曲

我們的理解。相信很多人都聽過巴夫洛夫（Ivan Petrovich Pavlov）的知名實驗：他教一隻狗聽到鈴聲就流口水。1930年代，紐約皇后學院的格雷戈里・拉茲蘭（Gregory Razran）制約人對「風格」和「甕」等詞語分泌唾液。[6] 拉茲蘭的實驗證實，我們有可能系統性地賦予詞語和其理性意義完全無關的情緒內涵。

我們多數人發展情緒濾器的制約過程通常沒那麼系統性，但效用未必不如拉茲蘭的方法強大。童年時，父母、師長、其他可敬的大人或同儕，可能已經把醫院、政治人物、稅賦等詞語，和冷笑、皺眉、蹙額或其他輕蔑姿態連在一起。其他看似中性的詞語和概念，則和微笑與其他表示愉快的徵象作伴。這種制約一旦成形——通常並非刻意的——孩子（或大人）就會對那些詞語起情緒反應，而這種直覺反應會妨礙我們準確接收含有那些詞語的訊息。

我們對他人的「期望」，會構成另一組我們在傾聽時使用的濾器。在敏感的勞資協商期間，一名經理對朋友坦承：「我有時沒有善盡傾聽之責，因為我會先預期工會領袖說什麼。」很多夫妻也有類似的情況：丈夫可能以為自己知道另一半會對特定話題發表何種高見，因此會依據他的期望回應，而非根據伴侶真正的說法。親子之間也常產生類似的誤解。

印度哲學家吉杜・克里希那穆提（Jiddu Krishnamurti）在《最初與最終的自由》（*The First and Last Freedom*）中寫道：

要做到真正的傾聽，我們該拋下或撇開所有偏見……
當你處於接納的心智狀態，事情就會變得容易理
解……可惜，我們大多隔著一層抗拒的簾幕聽人說
話。我們會被偏見阻隔，宗教或靈性的偏見也好，心
理或科學的偏見也好；或者，被日常的煩惱、渴望或
恐懼阻隔。我們隔著簾幕傾聽，因此我們真正聽到
的，是我們自己的噪音、我們自己的聲音，而非對方
說的話。7

**對於這些因濾器而產生的誤解，反映式回應是有效
的修正措施。**如果我們回應得不正確，對方永遠可以糾
正我們。

核對：傳送溫暖與關心的管道

既然我們很難精確說明腦海裡的想法和心裡的念
頭，也很難在傾聽時不分心或不扭曲對方的話意，我們
迫切需要在對話中核對自己是否正確。為了做到這點，
**高效傾聽者時常反映他們聽到的要義，確認自己理解的
是否就是說話者要表達的意思。**

雖然對溝通而言，正確非常重要，但多數人想要的
不只是正確，還渴望獲得對方的溫暖與關心。在感受到強
烈感覺、巨大煩惱或嚴重問題衝擊的時刻，人往往倍覺
孤單而需要人際接觸與支持。有同理心的傾聽者會陪伴
對方，並以獨特的方式傳達溫暖與關心。反映式傾聽者會
幫助對方在孤獨而有時孤寂的奮戰中感受到共同情誼。

用行動化解懷疑

透過本章解釋反映式傾聽的基本原理，能夠幫助許多人了解這種傾聽方式為何能夠促進更好的人際理解。理論促成「知情同意」，從而允許我們試驗新的人際互動方式，不只因為某些「權威人士」提倡，更因為我們的心智同意這些方法也許合情合理。

不過，最終的測試不是在心裡，而是在日常生活的範疇。不管理論怎麼說，運用主動反映究竟是會提升、還是降低溝通水準，必須在日常互動的混亂困頓中判定。最終，反映式回應的價值，不可能在心裡決定，而是必須依據實務經驗來判定。英國散文家湯瑪斯‧卡萊爾寫道：「唯有行動，才能去除所有疑惑。」[8]有建設性的懷疑會實地測試想要檢視的假設。

接下來兩章，收錄了能夠幫助你提升反映技巧的指導原則，幫助你培養充分的能力來給予這種傾聽方式公正的審判。

本章摘要

認識反映式傾聽技巧之初，人們時常懷疑那是否適用於自己的人生。第一次運用這些技巧時，很多人會覺得很尷尬，也覺得有點虛假。但這只是新技能發展的第一階段，只要繼續發展，很快就會過去了。有些人抱怨這種方法「太重視結構」，但當我們了解所有溝通都免不了套用結構，而且結構並不會妨礙展現個人風格時，

這樣的抱怨似乎就沒有那麼適切了。也有人說，這種方法會限制他們的自發性。固然有許多類型的自發性值得重視，但正因為衝動設下溝通路障會釀成人際關係的傷害，反映式回應對於人際理解才那麼重要。

考量到人類溝通常見的六種怪癖，反映式傾聽又更有道理了：

1. 詞語的意義因人而異。
2. 人們常給自己的訊息「編碼」。
3. 人常在另一件事對他們重要得多的時候，提出別的問題來講。
4. 說話者可能對自己的情緒視而不見，或是被情緒蒙蔽。
5. 傾聽者往往容易分心。
6. 傾聽者會透過「濾器」聽人說話，而扭曲真正的話意。

反映式傾聽除了有核對的功用，也是傳送溫暖與關心的管道。

儘管理論能夠幫助我們決定要不要試驗反映式回應，本章闡述的基本原理仍不足以決定這些方法的最終價值，你必須親自在日常生活中應用這些技巧，從你的實際經驗判定。

第 6 章

解讀身體語言：
掌握重要的非言語線索

我們，全都以某種方式，向世界傳送自己的小小訊息……而且很少是有意識地傳送。我們會用非言語的身體語言，表現出我們的生命狀態。我們揚起一邊眉毛表示不信，揉揉鼻子表示困惑，緊扣雙臂來隔絕或保護自己。我們聳聳肩表示無所謂，眨眨眼表示親暱，輕叩手指表示不耐煩，拍額頭表示「哎呀！我怎麼忘了。」姿勢不勝枚舉，雖然有些是刻意的……也有些，例如：大惑不解時揉揉鼻子，或緊扣雙臂保護自己，主要是不自覺的。[1]

——朱利葉斯・費斯特（Julius Fast），
作家、愛倫・坡獎首位得主

身體語言的重要性

人不能不溝通。雖然有人可能決定閉口不言，卻不可能靜止不動。舉止——表情、姿態、姿勢和其他舉動——提供源源不絕的資訊和線索，洩露那個人目前的感受。因此，**解讀身體語言，是優質傾聽最重要的技巧之一。**

我們從面對面互動獲得的理解，來自言語的只占一小部分。一位知名權威人士主張，溝通的意義只有35％出自言語，其餘都來自身體語言。[2]加州大學洛杉磯分校心理學教授艾伯特‧麥拉賓（Albert Mehrabian）在一篇廣為引用的論文中指出，在他調查的情境中，只有7％的衝擊是言語所致，其餘93％都是非言語。[3]你或許會質疑這些研究人員算出的特定百分比，但沒什麼人會爭論研究發現的大致走向——身體語言是非常重要的溝通媒介。心理治療師亞歷山大‧羅文（Alexander Lowen）這麼說：「只要學會解讀，沒有哪種言語能像身體表達的語言那麼清楚。」

非言語的溝通是人類生存大半歷史唯一使用的語言。有長達數十萬年，人類是沒有口語或書寫語言的，身體語言是唯一的溝通方式。

儘管從人類出現之初，身體語言就是人際理解的重要來源，一直要到過去二、三十年才有行為科學家開始有系統地觀察非言語的意義。他們發展了精細複雜的標記系統，拍攝人際互動做慢動作逐一畫面分析，並另外

進行了數千場實驗。只要我們將這些科學知識添加到原有對無言交流出於直覺的認識，便擁有相當重要的方法更妥善理解他人的意義。

非言語：感覺的語言

雖然言語傳送的資訊和非言語傳送的資訊類型有重疊的部分，兩者卻有自然的分工，各有各較為擅長傳達的訊息類型。

言語最善於傳達事實的資訊。若你想告知別人一本書的書名或今天的天氣、某件衣服的價格或柏拉圖哲學的精義，你主要會倚賴言語。

言語也用於描述情緒，而多半會結合身體語言來做這件事。然而，在情緒的範疇，優勢是在身體語言這邊，因為誠如心理學家保羅・艾克曼（Paul Ekman）和華萊士・弗里森（Wallace Friesen）指出：

> 迅速的臉部訊號是表達情緒的首要系統。你想知道對方是不是在生氣、嫌惡、害怕、難過時，會細看對方的臉。言語未必能夠形容人的感受；你在對方情緒激動時刻從他們臉色看到的東西，言語往往無法充分表述。[4]

非言語不僅描述一個人的感覺，也常暗示那個人怎麼處理他們的感覺。例如，一個人臉上的表情可能顯示他很生氣，他身體的其他部分則表現他如何因應那些憤怒的感覺。他可能擺出其他威脅性的姿勢、握緊拳頭、準備戰鬥，也可能試著繃緊肌肉來壓抑怒氣。他可能會

做出跺腳、揮臂、甩門等動作來發洩。你可以經由觀察一個人的身體語言，洞悉他怎麼應付他的感覺。

　　人對彼此關係的感覺，主要也靠非言語傳送。若兩人相距甚遠、身體緊繃、避免正視對方和目光接觸，這段關係恐怕不怎麼美好。如心理學家傑拉德‧伊根所言，避開臉可能意味著避開心。[5]

　　這本書勾勒的溝通方法強調感覺高於一切。對話內容當然可能也非常重要，但若對話參雜強烈的情緒，就應該得到最大的關注。既然非言語是傳達情緒的主要管道，要了解他人傳達給我們的重要事項，自然該以非言語為核心。

「洩露」遮掩的感覺

　　很多時候，每個人運用詞語的目的是在掩藏感覺。這種近似欺騙的傾向，有時深埋在我們的潛意識裡，而我們甚至沒有察覺自己努力隱瞞。同樣地，人人也學過控制自己的身體語言。刻意也好，不自覺也好，我們都試圖透過非言語來掌控意欲傳達的情緒。我們可能在議題其實對我們非常重要的時候聳聳肩，假裝無關痛癢；可能用虛假的微笑來掩飾憤怒；可能在難過時繃緊某些肌肉、避免哭出來；可能擺出一張撲克臉來掩蓋我們正感受到的情緒。換句話說，在某些情況下，人人都會試圖以欺騙的身體語言來遮掩感覺，只是程度不一。

　　我們或許可以成功選擇詞語來營造某種假面，但是當我們試圖掌控非言語的部分，身體反倒會像發電報一

般，傳送關於我們感覺的真相。測謊機之所以起得了作用，正是因為捏造故事的人會更難控制自己的身體反應。

　　就算我們下定決心，不要在身體語言展露情緒，我們真實的感覺通常還是不受控制地洩露——不過有時轉瞬即逝。在一場實驗中，研究人員安排受試者觀賞一部目的在激發感覺的影片，但請受試者不要表露任何情緒。在受試者看片期間拍攝的照片顯示，就算他們竭力遏制，厭惡感仍不時洩露出來。[6]

　　觀察身體語言對高效傾聽者非常重要，因為那傳達了對說話者最重要的事情。當一個人不願把感覺放進言語，或找不到適合的話來描述那些情緒，或是已經把情感壓抑到自己意識不到的地步，這個人的非言語通常會暗示他真正的感覺。如佛洛伊德所言：「自我洩露會從我們的每一個毛孔滲出來。」[7]

解讀身體語言的準則

　　以下五條準則，幫助我更有效回應這種沉默的語言，行為的語言。1.）我刻意將心力集中在我認為最有幫助的線索。2.）我試著把每一種非言語放在適合的脈絡來看。3.）如果出現不一致，我會密切注意。4.）我時時留意自己對這場互動的感覺。最後，5.）我常向對方反映我的理解，請對方確認或糾正。

集中心力在最有幫助的線索

　　與一般的看法恰恰相反，對於我們傾聽對象的感

覺，我們眼前有太多線索，而非太少。作為傾聽者，我們會從六種來源接收有關說話者情緒的資訊。其中，聽覺管道有三種：1.）說出來的特定詞語；2.）音調；3.）說話的速度、停頓的頻率和長短，以及說話多常被「啊」、「嗯」等聲音打斷。視覺管道也有三種資訊來源：1.）臉部表情；2.）姿態；3.）姿勢。

這些形形色色的刺激，可能會讓傾聽者應接不暇。我們之所以常漏失對方一些最重要的訊息，正是因為那麼多繁重的資訊來源會分散我們的注意力。過分倚賴心理學家威爾森・范杜森（Wilson Van Dusen）所謂「最不值得信任的來源」——說出口的話——是人之常情。更敏銳、更專注於溝通的非言語要素，通常能夠促進更好的理解。

臉部表情

行為科學家一致同意，臉是最重要的情緒資訊來源。要發掘說話者的感覺，就要以不致對他們構成威脅的方式，觀察他們瞬息萬變的臉部表情。

提出演化論的查爾斯・達爾文（Charles Darwin），也寫了身體語言方面的開創性著作：《人類和動物的情緒表達》（*The Expression of the Emotions in Man and Animals*）。他的關鍵假設之一：人可以從臉部表情譯解他人的情緒，已經獲得研究證實。

臉不僅會透露特定情緒，還會像電報一般傳達對那個人真正重要的事。有時，一個人的臉會呈現自然、活

潑的熱切，即便是似乎無關緊要的對話，也可能出現這種情況。一旦這種情況發生，傾聽者就可以鎖定對話中似乎會引發這種反應的部分，聊聊讓對方情緒高昂的主題。你一定記得這樣的時刻：在原本平淡無奇的對話中，你的同伴突然臉色一亮，非常起勁地描述某件他們感興趣的事。

眼睛和眼睛周圍的臉部組織可能最富於表現。眼睛會高興得閃閃發光，會難過得紅通通、淚汪汪，也可能帶著敵意、銳利如刺。眼睛會傳達這個重要的資訊：你和對方的關係進展得如何。眼睛會表現情感和信任、彼此的距離，以及不願第三方介入的心意。在許多文化，溫暖的眼神接觸是最純粹的互惠形式，最高層次的心靈合一。傾聽對方用眼睛說的話，對我們大有幫助。

步入中年以後，我們最一貫的情緒狀態會刻印在臉上。有些年長的臉孔會傳遞溫暖和寬大，暗示一輩子幸福快樂。有些則會一直表現出不苟同，彷彿對他們來說，世界沒有一件事是對的——也許真的沒有。

聲音的線索

《約翰・伍爾曼日記》（*The Journal of John Woolman*）的一個段落，敘述了這位十八世紀貴格會教徒和北美原住民酋長帕普內杭（Papunehang）的溝通，後者對口譯員說他聽不懂禱告的英文詞語，但是「我喜歡感受這些詞語的源頭。」[8]

高效傾聽者聽到的，遠比說話者的詞語來得多；他

們會傾聽聲音的音調、速度、音色和其他傳達意義的微妙之處。聲音是理解個人的最佳途徑之一，這就是為什麼每當有病人走進心理治療師羅洛‧梅（Rollo May）的診療室，他經常自問：「當我不聽詞語、只聽語氣時，我聽到那個聲音說了什麼？」[9]

在基本層次，幾乎人人都可以透過注意聲音特質的差異來分辨意義。例如「好個週末！」這句話，可能起碼有兩種不同的意思，取決於說話者的語氣。這曖昧的四個字，可能訴說那真是個愉快的週末，但要是換個不一樣的音質，傾聽者就會想當然地認定那不開心了。如果某人在說「我辭職了」的時候聲音顫抖，可能暗示這個人對離職感到悲傷、氣憤或害怕。但如果他的聲音嘹亮而飛揚，就可能暗示為自己的選擇感到興奮。

諸如憤怒、熱情、愉悅等感覺，通常會帶來語速加快、音量加大、音調拉高。若語速比平常慢、音量和音調比平常低，往往是流露乏味或抑鬱等感覺。萊恩‧施佩里博士（Dr. Len Sperry）提出下列聲音的特徵〔專業術語稱作「副語言」（paralanguage）〕，可能具有右欄描述的意義：[10]

副語言	可能的感覺／意義
聲音單調	無聊
速度慢、音調低	抑鬱；沮喪
聲音尖、加強語氣	熱情
音調拉高	驚訝
突如其來的言詞	防衛

速度快、大聲　　　　　生氣
音調高、語尾拖長　　　　不敢相信

有些人特別擅長透過巧妙地傾聽他人的說話方式來理解他人。知名懸疑小說作家，也是佩瑞・梅森（Perry Mason）一角（《梅森探案》系列主角）的創作者厄爾・史丹利・賈德納（Erle Stanley Gardner），講述了他的合夥律師所發展、從聲音線索發掘關鍵資訊的技能——一般人不會注意到的資訊。他在《Vogue》雜誌一篇報導中說：

> 在他跟我合夥的那幾年，每當我們一起出庭，他都會特意不看證人席上的證人；他讓視線逗留在一張紙上，有時簡略記下證人說的話，有時根本在隨便亂畫，但一定會仔細聆聽證人的聲音。
>
> 　然後，在訊問的某個階段，我的合夥人會用手肘推我一下。
>
> 　始終不變，那意味著證人不是在證詞的某處撒謊，就是在試圖掩蓋什麼。
>
> 　我沒受過訓練的耳朵，從來無法偵測出那些聲音和速度的細微變化。但是，我的合夥人聽得出來，而且準確得驚人。[11]

雖然你我可能永遠無法達到賈德納合夥律師的境界，我們仍能注意一個人聲音裡的音調和音色、講話的節奏和表達的速度。這些聲音特性有助於我們察覺說話者的心情，之後我們可以經由反映來確認自己判斷得對不對。

姿態、姿勢與舉動

一個人的姿態和身體動作，可以充分表明這個人的感覺、對自己的看法，以及有多少活力。頭、臂膀、雙手、兩腿和雙腳的動作，都可能透露出許多端倪。例如，想要結束對話的人，可能會兩腿伸直、手指輕叩桌面，或是直挺挺坐起來準備離開。也有人發現，當主管開始在椅子上旋來轉去，這次談話實際上已經結束了。

我們也可以透過了解我所謂的「舉動」（actions，因為沒有更好的字彙了）的意義，獲悉別人的感覺。兒童心理學家明白家中許多惱人的行為，都可能是隱晦的求助。幼童的爸媽常發現，當家中的新生兒獲得大量關注，哥哥姊姊就可能退化恢復嬰兒行為。這種行為通常是在急切乞求更多關注。老愛上課搗亂的孩子可能認定，行為不端是唯一能讓他們引人注意的方法。近來，生產力不彰的經理，可能會對公司欠缺流動性表現出失望或憤怒。有同理心的傾聽者會注意到這類舉動，並設法觀察確認是否正確。

在脈絡底下解讀非言語

很多備受歡迎、探討身體語言的文獻指出，某些姿勢必定具有特定、可靠的含意，事實並非如此。頂尖權威研究主張，沒有任何姿勢本身具有特定意義；沒有任何動作是獨立運作的，那一定是某個模式的一部分，而它的意義最好置於脈絡底下理解。特定的姿勢，就像

一個段落裡的一個詞語，可能有很多種意思，唯有擺在段落或章節的語境中，我們才能確切了解它想表達的意思。通常，把姿勢視為更大模式的一小部分，它的意義就會容易理解得多。阿布內・艾森柏格（Abne Eisenberg）和小拉爾夫・史密斯（Ralph Smith Jr.）寫道：

> 大部分的詞語只有幾個意思，視誰在哪些情況使用。但皺鼻子這種動作，卻可能有上千種不同的意義，每一種都取決於伴隨的舉動組合、那個人的個性，和皺鼻子的情境。因此，我們很難賦予任何獨立的非言語徵象一體適用的意義，就算在某種脈絡底下顯然有特定意義。我們不會冒險猜測皺鼻子的普遍意義，但在對話過程中，一般人也不會覺得這樣的說法有何不妥：「喬恩皺著鼻子，因為她受不了炒蘑菇的味道。」[12]

特定姿勢不僅需要和其他身體動作一起檢視，也要和那個人的話語一併考量。只聽言語或只觀察身體語言，我們的傾聽都只是片面的，高效傾聽者的目標是接收整個人提供的線索。

注意不一致

你或許注意過，有時一個人講的話傳達了一種訊息，他的非言語行為卻暗示另一回事。我曾經親眼目睹過一場對話，一名妻子對她的丈夫說：「你好像在生我的氣。」丈夫滿臉通紅，身子向前傾，瞪著她回答：「我沒有生氣。」你相信哪個？他講的話，還是他身體表

現所傳達的呢？

有時，身體語言形同煙幕，目的在遮掩一個人不敢說出口的話有多尖銳。我聽過幾十個人訴說生命中最深刻的悲傷，卻是用一聲輕笑掩飾極度的沉痛：「我做了二十五年的工作，剛被開除，哈哈。好啦，你過得好嗎？」同時聽到笑聲和悲慘的內容，我們通常會猝不及防，或選擇逃避面對痛楚。我們多半會和那個人一起笑，這種行為在我們的社會如此普遍，普遍到甚至有成語形容，叫「一笑置之」。

其實，在言語和身體語言出現不一致時，兩種訊息都很重要。當某人笑著訴說個人悲劇，這可能意味他們想要分享人生的這個部分，但不想給對方造成負擔，或是對於要不要針對這個話題發掘和分享深刻感受，仍然感到矛盾。當然，除了我說的這些，也可能有其他意義。重點在於，**一旦一個人的言語和非言語（或是兩方面的身體語言）出現不一致，分別探究每一種溝通途徑的意義會有幫助。**

覺察自己的感覺和身體反應

只要更清楚察覺自己身體的感受，我們通常就能更敏銳地體會別人的感受。

我曾和一對父子在一起，父親滔滔不絕地責難他的青少年兒子，一講就是二十分鐘。我知道父親說的大多不是事實，而父子之間沒有機會對話，只有單方面持續抨擊。我聽得全身緊繃，肚子翻攪。當我著眼於自己身

體的不適，就更能理解兒子在經歷什麼了。

　　一位我認識的家庭治療師說，一個家庭如果遇上困擾，那種氣氛是很容易感覺出來的。當她和這樣的家庭相處時，很快就會感覺自己身體不適。氣氛可能冷如冰霜，可能客氣而無聊，可能戒慎恐懼，彷彿在等待火山爆發。在這樣的情況下，那位治療師的身體會出現不適。當她開始覺得反胃、肩膀痠痛、頭開始抽痛，她會密切注意這些感覺，因此更能夠機敏察覺那戶人家到底發生什麼事了。

　　精神科醫師芙麗達・佛洛姆－賴希曼（Frieda Fromm-Reichmann）設計了一種方法，幫助自己理解客戶心裡的感受。她知道姿態和身體的動作，是透露客戶情緒的線索，所以會敏銳地用自己的身體，模擬病人的姿態和姿勢。她會一邊擺出病人擺的姿勢，一邊專注於自己的感覺，於是對病人的理解大幅提升。很多傾聽者都用過這種方式獲得豐碩的成果，我也是其中之一。但是，在反映對方的姿態時，請務必謹慎。如果做得笨拙或冷酷，說話者可能會覺得你瞧不起他。

反映感覺給傳送者

　　既為反映式傾聽者，一旦你透過解讀說話者的身體語言領悟了他的感覺，你要試著用你自己的話來反映那些感覺給說話者知道。透過用言語表述你認為對方可能有什麼感覺，你可能完成好幾件事。首先，你確認自己對對方感覺的設想是否正確。第二，你可以幫助說話者

更清楚察覺自己的感受。第三，你的反映會鼓勵對方聊聊其處境裡的感覺部分。第四、當說話者聽到善於接納的傾聽者反映他們的感覺，多半會覺得被理解。最後，如果對方選擇更深刻、更坦率地談論自己的感覺，或許會經歷一種「淨化作用」，帶給他們更強大的韌性和更自在的心情。

克里斯的妻子凱蒂下班回家立刻倒在椅子上，用沮喪的聲音結結巴巴地說：「喔，我完成我拚了兩週的案子。」克里斯回想，在他開始更注意身體語言之前，他八成會沒有抓到重點回應道：「喔，恭喜妳解脫了。」這次不一樣，克里斯注意到凱蒂的非言語部分，於是到她對面坐了下來，回應：「就算完成了，也有哪裡不對勁，妳並不滿意。」在理解和同理的氛圍中，凱蒂開始談論她工作受挫的事。於是，他們促膝長談──結婚八年來少有的深刻。

明確卻令人困惑的語言

對我們多數人來說，身體語言矛盾百出。有時，非言語清楚到幾乎人人都能正確解讀；其他時候，身體語言又可能難以破解。人們經常錯誤詮釋這種「沉默語言」的意義，如果我們不特地確認自己詮釋得正不正確，彼此便可能產生不必要的疏離或衝突。

語言學家愛德華‧沙皮爾（Edward Sapir）在評論解讀身體語言這門藝術的矛盾狀態時說，那看似「按照一種精心編造的密碼運作，它沒有寫在任何地方，沒有人

知道，卻是人人都了解。」[13]儘管矛盾還是存在，投入更多心力於非言語的譯解，仍能顯著提升你的溝通品質。

本章摘要

既然人際溝通有那麼多層面是非言語的，解讀身體語言自然是高效傾聽最重要的技能之一。溝通的非言語元素，對於理解他人的感覺尤其重要。我們經常試圖控制我們的非言語來隱瞞我們的感覺，但愈是努力控管非言語的表現，愈容易洩露情緒。有幾項準則，可以提升解讀身體語言的能力：

- 把注意力集中在最有幫助的線索：臉部表情、聲音表情、姿態、姿勢和舉動。
- 在脈絡底下解讀非言語。
- 注意不一致。
- 察自己的感覺和身體反應。

身體語言有時十分明確，沒有模糊空間。其他時候，卻可能難以破解。只要身為傾聽者的我們，把自己對於傳送者身體語言的理解反映給對方知道，溝通效能就能顯著提升。

第 7 章

如何提升反映技巧，成為更棒的聆聽者

我想要正確地聽你說話，所以我需要在關鍵時刻，確認我的意義切合你的意義。我從你的話語、你的語氣、你的臉、你的姿勢和身體動作中，略微了解你的意義。但只是略微。我必須時時重播我聽到的、向你求證，直到你同意自己被聽到了為止。

我想要夠深刻、夠清楚、更正確地聆聽，以便能 —— 在某種實際程度上 —— 感受你所感受的、受一點你受的傷，為你爭取那份自由，助你成為你想成為的人。[1]

——大衛·奧格斯伯格（David Augsburger），
人際關係專家

有些準則能讓你做出更正確、對說話者更有幫助的反映，這些就是本章的重點。本章也將簡要探索傾聽者除了傾聽以外，還能夠做些什麼，並且檢討反映式傾聽合適與不合適的時機。

提升傾聽能力的準則

只要你學會關注說話者、反映他對你傳達的內容或感覺，你已經開始提升反映技巧了。下列這些準則，將能夠幫助你成為更出色的傾聽者。

① 不要假裝理解

很多時候，身為傾聽者的你，並無法了解別人在說什麼。你可能在做白日夢，可能還在思考對方前面說的話。說話者也可能沒有清楚傳達想要表達的意思。雖然碰到這種情況，人們多半會假裝自己認真聆聽，而且完全了解對方在說什麼，但你的傾聽不是假的這點很重要。要真誠：在我們迷路時據實以告，努力重回軌道上。「我好像沒有跟上。你可以再說一遍嗎？」「我剛才聽到你說你媽生病那邊，我可以再聽一遍後面發生的事情嗎？」

② 不要告訴說話的人：「我懂你的感受。」

剛開始實踐反映式傾聽時，很多人會說「我懂你的感受」之類的話。基於數個理由，這不是恰當的回應。首先，這不是事實，我們對於他人感覺的解讀頂多是

「近似值」，沒有人可以百分之百設身處地完全理解。「我懂你的感受」可能反而會抑止說話者分享更多資訊的意願，使得理解無法更加深入。最後，就算你說你了解，說話的人也會傾向懷疑你根本不了解。相反地，告訴對方你了解很少會有幫助。真正有必要的是：證明你真的某種程度理解他們的感覺。你的目標是正確地體會對方的感受，並以善於接納、不靠言語傳達「我與你同在」的方式反映給對方知道。如此，就算你沒說「我懂你的感受」，對方也會覺得你真的了解。

③ 變換回應方式

對於特定的敘述，沒有所謂「正確」的回應，讓我們看看一段敘述和幾個適當的反映式回應。一個二十八、九歲的女性向朋友抱怨：「我媽老是教我怎樣養小孩，真希望她少管閒事。」可能的回應包括：

「妳媽干涉妳的教養方式，惹怒妳了。」

「她那樣介入妳的生活，讓妳很不高興。」

「妳希望她尊重妳的教養決定。」

「妳不喜歡她隨便發表高見，畢竟妳又沒問她。」

④ 專注於感覺

吾友傑克在懇親日拜訪女兒的學校，去了她最愛的餐廳用晚餐。他告訴我他們當時的對話。

露比：　我不想繼續念了。太困難了。我化學和微
　　　　積分差點當掉。如果被退學，我真的沒有
　　　　臉面對我的朋友。

傑克：　課業太難了。

露比：　（眼淚盈眶）我怕我會被退學。

傑克完全忽略了他女兒的感覺，他接著開始告訴她，大一的學業本來就是最繁重的，說她很聰明，一定可以重新努力，順利度過這個學期。結果，露比得哭著走出去冷靜，這次互動也就這樣結束了。

傑克在告訴我事情始末時說：「一直到露比哭出來，我才想起來該關心的是她的心情。所幸我們隔天早上又聊了一下，這次我比較能夠反映她的焦慮和恐懼了。」

⑤ 選擇最精確的感覺用語

關注情緒是溝通成效的關鍵。在反映情緒時，釐清情緒固然重要，確定情緒的強弱也很重要。感覺用語要能切合對方的經驗。一位女性第一次站在大峽谷的邊緣，為紅紫色光影不斷變幻的美景所震懾。沉默良久，她轉頭看向她的同伴，眼中充滿了驚奇，聲音帶著詫異地說：「這好壯觀，好壯麗！」

她的同伴回應：「妳真的很喜歡這裡。」

從「壯觀」、「壯麗」到「妳喜歡這裡」，是一條情緒的迢迢長路。

傾聽者愈能明確地反映對方的感覺，傾聽所給的幫助就愈大，可惜多數人表達感覺的詞彙非常有限。給表

達感覺的形容詞加上適當的副詞，更能夠精確傳達感覺的強弱或濃淡：

> 「你的狗狗死了，所以你覺得有點難過。」
>
> 「你的狗狗死了，讓你好傷心。」
>
> 「你的狗狗死了，你很難過。」
>
> 「你的狗狗死了，你傷心得要命。」

像「好……」、「很……」等副詞，固然可以用來明確指出感覺的強弱，但也只是貼切感覺用詞的不完美替代品。例如，「你心碎了」或「你覺得洩氣」，就常是比「你難過死了」更好的感覺用語。

要發展更精確的感覺詞彙，一個有效的方法是多讀幾遍像下列這樣的感覺用語表。

深情款款	雀躍	熱切
生氣	被指責	心有戚戚焉
火大	滿足	活力充沛
被背叛	被壓垮	萎靡不振
幸福	一敗塗地	怒火中燒
憂鬱	絕望	害怕
麻煩	心煩意亂	惶惶不安
迷住	心神不寧	蠢
被騙	任人宰割	發狂
內疚	被排擠	震驚
悲痛欲絕	鍾愛	懷恨在心
高興	鬱鬱寡歡	驚呆
有幫助	可悲	笨

興奮	緊張	同情
糟糕透頂	還好	緊繃
受傷	怒不可抑	爛斃了
歇斯底里	平靜	受挫
被忽視	遭到迫害	疲倦
被迫接受	遭到施壓	中了圈套
勃然大怒	被拒絕	困擾
被恫嚇	放鬆	脆弱
被孤立	如釋重負	美妙
嫉妒	難過	擔心
提心吊膽	心滿意足	
親切	嚇壞了	

　　讀過這類詞彙表之後，你或許希望依據強弱等級來給感覺用語分組。圖表7.1能夠幫助你分配感覺用語的強弱等級。

　　當對方述說困難抉擇的事實時，高效傾聽者通常會反映矛盾的感覺。夏琳獲得升遷機會，但將接掌具有挑戰性的職務。如果她接受新職務，每個月都得出差好幾天無法與家人同住。她向友人描述她的兩難，友人反映道：「妳真的覺得好像被撕成兩半。」這個回應讓夏琳願意更深入探究自己矛盾的感覺。

強度	強	中	弱
愛	愛慕 愛 珍惜 摯愛	喜愛 合意 朋友 喜歡	信任 接受 在意 不錯

喜悅	欣喜若狂 興高采烈 特別高興 歡欣鼓舞	高興 快樂 雀躍	開心 愉快 滿意 滿足
力量	生龍活虎 強有力的 強大的 雄壯	有效 有力 有信心 能幹	辦得到 可勝任 適合
悲傷	淒涼 痛不欲生 沮喪 意志消沉	悶悶不樂 憂鬱 悲傷難過	心情差 不愉快 不滿意 有點低落
氣憤	暴怒 勃然大怒 大發雷霆 怒不可抑 火冒三丈	生氣 受挫洩氣 忿忿不平	不悅 惹怒 不爽 厭煩
恐懼	懼怕 驚恐 恐慌 絕望	害怕 嚇到 憂慮 驚慌	擔心 如坐針氈 緊張 膽怯
困惑	大惑不解 亂七八糟 困惑 混亂	搞糊塗了 疑惑 被難倒 茫然	不明白 不確定 不明確 不清楚
軟弱	被壓垮 無助 完蛋了	無力感 脆弱 無能 不夠格	虛弱 無效 薄弱

圖表7.1 按照強弱分組的感覺用語。你或許會想把表中一些詞語，移到較強或較弱的位置。你也可以補充自己想到的其他感覺用語。

⑥ 培養聲音語調的同理

　　同理是既用腦，也用心傾聽。如果你用冰冷、就事論事的語氣來反映對方的敘述，對方很少會覺得被理解。

　　反映式傾聽回應的聲音，本身就能展現相當程度的理解。挪威作曲家愛德華・葛利格（Edvard Grieg）幫亨利克・易卜生（Henrik Ibsen）的詩〈致水鳥〉（"To a Waterfowl"）譜曲。易卜生第一次聽到曲子時，抓起葛利格的手輕聲說道：「你懂我！你懂我！」當敏銳的傾聽者得知說話者的心情，既透過言語，也透過恰當的語氣，將這種心情反映給對方知道時，也會有類似情形發生。

　　聲音特質有兩個主要層面需要注意。第一，你的聲音流露了多少溫暖。如果嚴厲、苛刻、刺耳，你不大可能傳達接納和關愛給說話者知道。我們有時會先請人想想自己有多在乎他們將傾聽的對象，想像他們被某個嚴重的問題壓得喘不過氣，然後傾聽者要發出無語的聲音來傳達同理的感覺。當他們在做這件事的時候，一般會用低沉但厚實飽滿的語氣，並且放慢一些速度。

　　傾聽者的語氣和態度，也該反映說話者的語氣。如果說話的人興奮地敘述他的成就，傾聽者卻回以單調乏味的聲音，那麼就算話語正中目標，反映的語氣仍會減損成效。在病人怒不可抑地斥責伴侶不忠後，一位治療師說：「他的外遇讓你火冒三丈。」治療師的回應多少呼應了病人的說話方式和情緒強弱──話雖如此，回應時演得過火並不恰當。

從書上學習溝通最大的問題就是：無法顧及聲音的特質。更有啟發意義的做法是把一些對話錄下來，然後進行角色扮演，聽聽看你的聲音在你傾聽時能夠展現多少同理心。

⑦ 力求具體與相關

通常，在我們選擇傾聽的時候，對方是碰上難題的。在這種情況下，傾聽的目的是要協助說話者努力達成最好的解決方案。如果問題是以含糊、籠統的方式討論，就算不是不可能，也很難解決。曖昧問題的含糊對策，不容易促成有效的行動。

身為傾聽者的我們，有三種方法可以讓對話變得更具體。首先，我們自己的回應就可以非常具體。有時，傾聽者會對明確的敘述給予空洞的回應。顯然，如果說話者說得具體，我們的回應就該努力做到起碼一樣具體。但如果說話者講話模糊不清，你可以透過你的反映方式讓對話變得更具體。在下列的互動中，請注意傾聽者的回應有多明確：

喬安： 我不能去那場派對啦。我要怎麼面對我的朋友？婚姻陷入危機，而且我已經搬出去了……

艾莉： 去那場晚宴會讓妳感覺受傷，因為妳不知道朋友會怎麼看待分居後的妳。

另一個增進對話具體度的方法是：問一些徵求事實或徵求感覺的問題。「可以舉個例子嗎？」（徵求事

實）。「聽到他那樣說，你有什麼感覺？」（徵求感覺）。

第三種在對話中增進具體度的方式，就是阻止說話者漫天閒扯。當說話者開始沒完沒了發散談話，就很難追蹤具體內容、真正的目的，有效掌握溝通互動了。

為了幫助說話者專注，有時有必要打斷他們。很多人覺得優質傾聽包含打斷人說話，是件很諷刺的事。如果我是傾聽者而用反映式回應打斷說話的人胡謅亂蓋，通常會發生兩件事。在打斷幾次之後，說話者和我會發展出一種說話和反映的節奏、增進對話品質。接下來，說話者多半會停止兜圈子，更直接切入重點。

⑧ 提供不武斷但堅定的回應

高效傾聽者明白不可能百分之百了解對方，能達成十之八九正確和大致理解就很厲害了。因此，持續敞開心胸、企求了解你傾聽的那個獨一無二的人，是相當可取的態度。你若能以不武斷的措辭和語調來反映你的理解，說話者會更容易把「喔，我不是那個意思，我這樣說吧……」說出口。接下來，你就可以更精確反映他的第二個論點了。

雖然有些反映式傾聽的新手，很容易做出太武斷的反映，更多人的反映卻太過試探性了。他們經常把反映造成問句，就算讀起來像直述句，很多傾聽者到了句末也會把尾音上揚，聽起來跟問題無異。傾聽者過度試探，對說話者毫無幫助，因為他們並未反映自己接收到的實際印象，反而流露出缺乏信心和不情願，因此難以

構成簡潔而具體的反映。

當然，有時你總會搞不清楚說話者的意思。在這些時候，說「我不確定你的意思。是……，還是……？」是恰當的。在恰當的時機，高效傾聽者也可以變得試探而不武斷，給出好的共鳴回應。

⑨ 反映說話者的資源

如果說話者打算解決特定問題，就必須找出可利用的資源來處理這些問題。說話者也許陷得太深，沒有意識到自己握有的資源，不過會下意識地提到。高效傾聽者會注意到那些隱晦提及的資源，反映給說話者知道。

> 尼克： 我對數字不在行，一碰到數字就呆住了。我怕我會搞砸這份預測報告。要是我搞得定數字，我一定能夠把這件工作做好，因為我有宏觀的視野，可以相當準確地預測趨勢。
>
> 路易： （聚焦在「弱點」）對你來說，理解數字真的很難。
>
> 路易： （聚焦在「資源」）你的數學能力令你感到挫折，但是你對預測未來市場趨勢的能力頗為自豪。

務實聚焦於資源分外重要。覺得煩惱時沮喪氣餒，是人的基本特性。高效傾聽者不僅能透過善於接納的傾聽來減輕沮喪負擔，也能聽出說話者的資源，反映給說話者知道，給予希望，讓說話者能夠解決自己的問題。

⑩ 反映問題隱含的感覺

　　很多時候，反映式傾聽的入門者一旦被說話者詢問直接的問題，便茫然不知所措。一遇到問題，他們繼續反映的決心就動搖了，因為在我們的社會，有問就得有答。在一場研討會上，與會者布萊恩告訴我，他能夠抗拒給予忠告的誘惑，也能夠持續反映朋友尚恩傳達的意義，直到尚恩突然丟給他一個顯然是在請求建議的問題。布萊恩記得對話是這樣進行的：

> 尚恩：　我想了很久，就是不知道該拿這個情況怎麼辦。如果你是我，你會怎麼辦？
>
> 布萊恩：　呃，如果我是當時的你，我會這麼做……對我來說，這樣真的有效。

　　布萊恩的問題對我來說就是：「當有人直接請求你給予建議時，你可以怎麼做？」這個問題難住了許多剛開始使用反映式傾聽技巧的人。一個選項是試著譯解對方問題真正的含意。問題背後隱藏著什麼樣的感覺？反映那個意義給對方知道。布萊恩和尚恩的對話，可以像這樣進行：

> 尚恩：　我想了很久，就是不知道該拿這個情況怎麼辦。如果你是我，你會怎麼辦？
>
> 布萊恩：　這個情況真的讓你很糾結！
>
> 尚恩：　可不是嗎？這是我好久以來面對過最棘手的事情了。

讓我們看看其他兩位傾聽者如何運用反映技巧因應對方的提問：

病人： 我伴侶過世一年了，我還困在悲傷裡
走不出來。我熬得過去嗎？
治療師： 你很怕你永遠走不出來。

維多利亞： 我真的很緊張時會大笑，有時會笑到
停不下來。為什麼我會這樣？
珍： 那種反應讓妳既困惑又擔心。

當傾聽者真確反映問題背後的感覺或意義，說話者常會忘記自己問過問題，進而針對話題投入更深刻的討論。

不過，有時當你幫問題解碼，反映意義給說話的人知道，對方會惱羞成怒，再問一遍問題。若發生這種事時，請向對方解釋：作為傾聽者，你的第一要務是理解。對方有可能會說：「可是你比較有經驗、有智慧……我真的需要你的建議。」這種情況你可以這麼說：「等一下我很樂意跟你分享我的想法。在那之前，我想要先了解你是怎麼經歷這個議題的，麻煩你繼續說下去。」知道對話將討論可能的對策，說話者會感到安心而回到議題上進一步探究。

⑪ 接受事實：很多互動是不會有結論的

很多傾聽者缺乏耐心，想要一次對談就解決一輩子的問題。如果有人為了某個問題看精神科醫師，醫師或許預期病人要配合好幾個月或好幾年，才能找到並執行

恰當的解決辦法。如果同一個人帶著同樣的問題去找隔壁鄰居，鄰居或許會指望一次對話就把一切解決！

很多時候，我們找伴侶或朋友討論問題，離開時仍未討論出可見對策，那沒有關係。說話的人往往能把問題看得更透澈，有時也會想出可能的替代方案。他們只是需要時間仔細斟酌這些想法和選擇，最終做出堅定的決策。

雖然沒見到說話者的問題立刻獲得解決，可能會令傾聽者備感挫折，但作為一個富有創意的傾聽者，那樣的緊張是免不了的。

⑫ 簡短互動期間的反映

關於反映式傾聽最常見的抱怨就是：那會花掉很多時間。無庸置疑：專注的傾聽可能相當費時，平常忙碌又任務取向的我，會從三方面看待這個問題。

首先，我明白這是價值觀的問題。陪伴對方討論人生中的重要議題，就是我表現關愛的方式。

第二，我明白這是效率問題。經驗證實，當雇主不花時間傾聽員工，業務員不去了解顧客的需求，教師不聽學生關心什麼，完成任務的效率就會低落許多。**傾聽往往看似效率不彰，但在有強烈需求、深刻感受或關心要事的時候，選擇不傾聽才是浪費時間、心力和金錢。**

最後，我明白多數反映式傾聽是可以在相對短的時間內完成的。一個老師看到某位學生算一題數學算不出來，便闔上書走到學生桌前，反映了他的非言語行為：

「這題很難，讓你感覺受挫了。」一名請病假回來的員工，工作面臨壓力，同事對他說：「你身體還沒完全康復，很難趕上進度吧？」**有時，一個微笑、點點頭或拍拍肩膀，就是傳達理解所需的全部。多多試驗這些非言語的反映，是開始強化傾聽回應技巧的簡單途徑。**

反映式傾聽以外

在學習反映式傾聽這門學問時，一個常見的問題是：「若對方遇上難題或有強烈的需求，在反映式傾聽以外做些什麼，是恰當的嗎？」我們經常太急於放棄傾聽、尋求更快（但通常更無效）的辦法來幫助需要的人。不過，確實有些時候，運用其他方法來配合傾聽是適當的。

運用附加回應

「附加回應」（additive response）指傾聽者超出說話者傳達事物的範疇，做出反映之外的回應。假設有個朋友跟你分享，他正為了展開新工作和建立新家庭這兩種相互競爭的需求焦頭爛額，而你的回應是：「你在找能夠順利拓展新工作又能兼顧家庭的辦法。」說話者其實沒有說他「要找辦法」解決這樣的緊張，所以你的說法就是附加回應。一如這個例子，附加回應要與說話者所言密切相關，若用得妥當且謹慎，這類回應可以幫助說話者從更客觀的角度看世界，更有效地做出決策和行動。

附加回應的問題在於：一旦使用，便可能成癮。

「傾聽者」可能會接管對方的問題；如此一來，傾聽者便不再是傾聽者，不再是幫助對方解決自身難題的協助者，反而成為發放解決方案，或壓迫對方在心情還沒準備好之前解決問題的顧問。

打好附加回應的基礎

要降低這些負面影響，在使用附加回應之前，得先打好信任和理解的基礎。先有正確和同理的反映，才能使用附加回應。一旦給出附加回應，而且對方繼續說下去了，傾聽者就該回到反映式傾聽的模式。

你要怎麼確定自己已經傾聽得夠久，可以開始運用一些附加回應了呢？你該傾聽到你能夠：

- 從說話者的「參照標準」觀察他的情況，理解說話者描述的內容、感覺、價值觀等等。
- 確定做出持續傾聽以外的事情十分恰當。
- 想出接下來哪些步驟，可能對解決說話者的問題最有助益。

說話者需要你持續給出反映式回應，直到他們能夠：

- 跳脫眼前的問題，處理更根本的問題。
- 感受你的接納和同理。
- 覺得準備好躍入過程較困難的階段，也就是附加回應可以促成的階段。

兩個關於附加回應的議題

關於「要不要」和「多常使用」附加回應的問題，

有兩件事吉凶未卜。首先，是價值觀的問題：在別人與難題搏鬥時，我該為他的人生付出到多大的程度？另一個則是實際的問題：什麼最有效？傾聽先驅卡爾‧羅傑斯處理了這兩個議題：

> 我愈來愈不打算匆忙修正事情、設定目標、塑造人們、操控人們，強迫人們往我希望他們前進的方向走。我愈來愈滿足於做自己，也讓別人做自己……。
>
> 我愈是願意理解和接受這個現實……在對方心中……似乎會激起愈多改變的漣漪……。至少這是我經驗中非常鮮明的部分，也是我認為我在個人及專業生涯中所學到最深刻的一件事。2

其他行為科學家也指出，一個人從別人身上感受到非改變不可的壓力愈小，改變就愈可能發生。

雖然有這些告誡和麻煩，但也有很多時候，運用附加回應是適切的。在某些對話中，善用一次或不只一次這種反映式傾聽以外的回應，可能大有幫助。

提供有事實根據的資訊

有時在討論問題時，傾聽者也可以和對方分享有事實根據的資訊。假設信任與理解的基礎已經打好，在符合下列條件下，分享資訊可能是有建設性的方法。

- 對方在情緒上準備好接收你的資訊了。
- 你的資訊和對方的「根本問題」相關。
- 你相信對方尚未獲知或不容易取得那些事實。
- 你相信資訊是正確的。

管理顧問卡洛琳在與資淺合夥人奎恩的對話中，遵循了許多這樣的原則。奎恩沒有被指派一項受矚目的客戶計畫：

卡洛琳： 你看起來很懊惱自己沒有獲派共同主持新客戶的訓練計畫。

奎恩： 是啊！如果我沒有得到我需要提升的機會，要怎麼成為更好的訓練師？

卡洛琳： 你真的很想成為出色的訓練師，所以沒有獲選主持像這樣的計畫，覺得不受重用。

奎恩： 一點也沒錯。我該做些什麼來證明自己準備好了，願意接受挑戰？

卡洛琳： 我們團隊最優秀的一名顧問，生涯初期也曾這樣掙扎過。我知道她輔導過其他資淺合夥人突破困境。

奎恩： 我想找她談談。

卡洛琳： 我會告訴她我們的對話，看她能否找時間跟你碰面。

你會發現卡洛琳反映了她從奎恩的非言語讀到的煩惱，這可以充當敲門磚。接下來，在反映之後，卡洛琳分享了一些相關資訊。然後，看到奎恩對她的建議表現出興趣，便提議採取行動。

採取行動

很多時候，反映式傾聽會揭露需要補救的狀況。行為的語言有時是我們能對他人作出的最好回應。當一個

孩子修不好腳踏車，因為這項任務太過複雜時，爸媽需要停止反映，開始幫忙。當有人因為失去摯愛而傷心欲絕，反映式傾聽非常重要——但邀請對方共進晚餐也很重要。有時，在對方陷入掙扎時，做「必須做的事」就是最好的回應。

協助解決問題

想要幫助人們想出問題的對策，有時只需要積極的傾聽便已足夠。當然，也有些時候，有強烈需求的人可能欠缺解決問題的技能。高效傾聽者不會接手解決問題的過程，而會透過像本書第14章介紹的方法引導說話者。

轉介

有時說話者需要的資訊或支持是你沒辦法提供的，碰到這樣的情況，你可以像卡洛琳為奎恩做的那樣，引薦更有資格幫助的人。

在建議轉介時，請務必主動傾聽說話者是否反對、抗拒或有什麼顧慮。對很多人來說，向不認識的人求助可能頗為困窘。要讓轉介成為正向經驗，在過渡期持續傾聽往往是重要的環節。

自我揭露

高效傾聽者偶爾會告訴說話者自己的親身經歷，不過當對方有較強烈的需求時，自我揭露本身不是目的，而要與這場對話的目標密切相關。傾聽者需要判斷，自

我揭露能否幫助說話者更清楚理解議題。傾聽者若能有效地自我揭露，給對方的感受就像優質的反映式回應。心理學家傑拉德・伊根提供了以下在諮商情境中，有效及無效的自我揭露例子。

> 病人： 我好像在一早醒來時最焦慮。我不想面對這一天，太可怕了。
>
> 諮商師A： 我也曾在人生某段時間經歷過清晨的焦慮。那時我在念研究所，不知道自己夠不夠好。我不知道未來想做什麼。但一切都會過去的。
>
> 病人： 你覺得你的經驗跟學校生活的漫無目標有關係嗎？
>
> 病人： 我好像在一早醒來時最焦慮。我不想面對這一天，太可怕了。
>
> 諮商師B： 連下床都是痛苦的掙扎。我想，我曾在研究所時期經歷過類似情況。整個世界好像都變得殘酷無情。
>
> 病人： 就是那種痛苦的掙扎沒錯。但我覺得，如果我放棄掙扎，世界會變得更殘酷。[3]

第一位諮商師的自我揭露，把焦點從病人的情況轉移到諮商師的情況。諮商師B的自我揭露比較有同理心，比較貼近病人的感受，病人會回以更深刻的自我探索。

對比

提出對比，也是一種有幫助的技巧，能夠促使說話

者注意到下列這些不一致：

- 他們想的跟他們說出口的不一致。
- 他們的感覺跟他們說出口的不一致。
- 他們的言語跟他們的身體語言不一致。
- 他們眼中的自己跟別人眼中的他們不一致。
- 他們目前過的生活跟他們想要過的日子不一致。

對比常套用這個句型：「一方面，你說／覺得／做……；另一方面，你說／覺得／做……。」例如：

葛瑞格：　（看著地板，嘆了口氣，緩慢地說）我好高興我們終於訂婚了。梅根是很棒的女人。

咪咪：　　一方面，你說你很高興；另一方面，你的語氣卻如此沉重。

要嘗試使用對比，必須符合三個條件。首先是必須建立信任和理解的基礎，這個基礎要非常穩固才能提出對比。第二，傾聽者必須感受到不一致；不一致是探究的先決條件。最後，傾聽者要真的確定說話者已經準備好，能夠探究這些不一致了。要協助說話者領略本身傳達的不一致、進而從中受惠，時機和不帶評斷的態度是重要的因素。

在提出對比後，請回到反映式回應，讓說話者得以探究你凸顯出來的不一致。傾聽者不應連續提出兩、三個對比，因為對比僅適用於人們常築起防衛的敏感領域，若真的非用不可，傾聽者也應盡少、謹慎，並且有技巧地使用。

何時要反映式傾聽？

反映式傾聽派得上用場的時機很多，下列是其中一些。

☑ 在你行動之前

在你展開某項任務之前，簡單的釋義是你可以使用的效率卓著的工具。在一些組織，團隊會在會議結束前安排時間，讓眾人可以用自己的話，敘述要採取的行動步驟，或是要為會議結果負責的部分。在會議及日後的行動，使用釋義都可以大幅提升團隊的績效。

☑ 在你爭論或出言批評之前

如果人們真的理解對方在說什麼，很多爭論其實可以避免。你是不是常常在激烈的爭論中，聽到某一方說：「那就是我一直想說的啊！」？人們起爭執，有時是因為不明白雙方其實根本就站在議題的同一邊。透過反映式傾聽，我們可以獲悉對方是如何形成那種見解，因此就算那與我們不同，我們也可以善加理解，甚至從歧見中學習。稍後我們將在第12章探討衝突時詳盡探究這點。

☑ 在他人感受到強烈情緒或想要研討問題時

當對方非常興奮、熱情、歡欣鼓舞時，可以反映那些情緒讓對方知道。當對方困惑、生氣或焦躁不安，傾聽可能有助於緩和那些感覺的強度。每當同事或朋友帶著問題來找我，反映式傾聽可以幫助他們找到辦法，度

過正在面臨的難關。

☑ 在對方說「暗語」時

當你揣測對方是在用「密碼」溝通，那就代表對方有難言之隱。要幫助對方把感覺說出來，最好的方法就是積極傾聽。反映式傾聽可以在這些時候替訊息解碼，揭露說話者說不出口的話。

☑ 在你有同樣強烈的需求時

在許多適合傾聽的情境，關注的焦點是在說話者身上。若你有同樣強烈的需求，那雙方的需求都會是對話的焦點。在你們輪流說話的同時，切勿拋棄反映式傾聽。先重述他人的觀點，再敘述或重述自己的觀點。這有助於讓對話平衡且具有建設性，而這在討論的議題對一方或雙方至關重大，或是夾雜矛盾衝突時格外重要。

☑ 在你跟自己說話時

我們時不時都在跟自己說話，諷刺的是，我們很少傾聽我們對自己吐露的想法和憂慮。相反地，我們會輕視自己：「你絕對做不到的啦。」或者給自己說教：「別再自怨自艾了，重新出發吧。」

與其如此，不如試著反映你內心獨白的內容與感覺，尤其是感覺。比方說，「你對下週要做的簡報感到焦慮。」你可以趁夜闌人靜時做個概述，關照自己的心理。**用反映式傾聽來聽自己說話，會帶給你神奇的助益。**

何時不要反映式傾聽？

　　有些人在錯誤的時機運用美好的東西，而把好東西給毀了——反映式傾聽尤其適用這句話。倘若沒有使用反映式傾聽的明確理由，比如對方只是在閒聊週末是怎麼過的，就別用。不但沒有必要，你這般「過度傾聽」，也可能顯得不真誠。

☒ 你就是不會接受對方的時候

　　在你進行反映式傾聽時，他人多半會卸下防衛，會變得更容易被你攻擊。如果你到後來才開始說教或評斷，或是用某種方式表現不接受的態度，他們可能會比你從一開始就妄加評斷還受傷。如果你覺得你無論如何一定要用評斷狠狠數落對方一頓，那就直接這麼做，不要裝作一副願意幫忙的樣子。

☒ 你不信對方想得出辦法的時候

　　反映式傾聽的一個基礎理論是：要解決對方遇到的問題，他自己通常是最佳人選。積極的傾聽可以促進這個過程。為什麼人該保有解決自身問題的責任呢？這有好幾個理由：

- 遇到問題的本人擁有最多資訊。不論對方多有效地揭露資訊，我多有效地傾聽，他還是比我了解實際情況。

- 對方要承擔所有風險。如果局勢不像表面看來那麼好，苦果是他們承受。

- 對策是由對方執行。
- 若由對方制定和實行對策，他的信心和責任感會增強。
- 我只是傾聽者和協助者，若對方沒有那麼依賴我，對雙方都有好處。

有些人不相信這個論調。父母、師長、主管等人，經常認為憑自己更豐富的經驗或更優秀的智慧，應能判定解決之道。有時，人們會以為自己認同「遇上問題的人是解決問題最佳人選」的理論，但實際上，他們認為自己的方案比對方可能想得到的要好，所以積極鼓吹。每當我很想強迫遇上問題的人採用我的方案時，我會努力回想心理學家克拉克·穆斯塔卡斯的這番話：

> 最終，我不可能為他人負責。我只能參與他的人生，不論那樣的參與對他是何意義。最後，他終究會發現他自己的意義、自己擁有的資源、自己的天性、自己生命的特質。4

☒ 你和對方的「關係分不開」的時候

好的傾聽者要能進入對方的經驗，又保持適當的距離。一個高二生告訴她父親，有個惡霸常在午餐時取笑她，當著她朋友和其他人的面羞辱她。令女兒驚恐地，這位父親揚言親自修理那個惡霸。他讓自己過度介入了。他接手問題了。一個母親聽她青少年女兒說自己懷孕了。母親哭了起來說：「妳怎麼可以對我們做這種事？」這些「傾聽者」未能在傾聽關係中保持健康的距

離，情緒被對方的揭露所觸動，因而不可能有效地傾聽。

☒ 你只是用傾聽來隱藏自己的時候

　　有些人不斷掉進傾聽者的角色，很少揭露自己。他們把傾聽當成一種探聽他人，而不分享自己的方法。有意也好，無心也罷，這種傾聽方式是在操控：邀請說話者表現某種程度的脆弱，自己卻堅強如故。真誠的關係，沒有這種怯懦傾聽的一席之地。

☒ 你覺得受到壓迫、煩擾或氣力放盡的時候

　　認清這些時候很重要，因為這些時候的你，可能不是最適合傾聽特定對象的人選。你的內在自我或許已經失衡，此時此刻的你，對任何人而言都不會是個好的傾聽者。有些時候，我們沒做好傾聽的心理準備。如果對方覺得無人可以傾訴，這的確相當不幸。但如果明知自己無法全神貫注於對方，仍試著傾聽，也可能弊大於利。

　　你沒有非積極傾聽不可的理由。儘管我深愛我的妻子，想要用心傾聽她說的一字一句，但有些時候我就是不願、或不能當個有同理心的傾聽者。如果她在這種時候開啟沉重的對話，我會告訴她，此時我還沒做好傾聽的準備。

好消息、壞消息

　　好消息是：傾聽有時是美好的體驗，壞消息是：傾聽有可能成為負擔。如果你已經有條不紊地嘗試過前幾

章介紹的技巧，就會知道以這種方式傾聽他人有其難為之處。

傾聽絕非易如反掌，必須克服設置溝通路障的習慣性。它需要相當程度的成熟，相當程度的自我超越，也需要開闊的心胸來理解和我們截然不同的價值觀與看法。**當我們真的在傾聽時，我們自己的想法和觀念有時也會跟著改變。**良好的傾聽意味著脆弱。如果你抱持同理心去傾聽，你的心一定（不時）扭擰。雖然高效傾聽者會和說話者的苦痛保持某種情緒距離，仍然免不了經歷一些對方正在承受的傷害。

傾聽不該心不在焉或滿不在乎。治療師喬治・蓋茲達指出，傾聽者審慎衡量要不要伸出援手，是更尊重有困擾或有需求的人。如果你認為自己幫不上忙，最好不要傾聽。幫不上忙卻硬要傾聽，可能會令說話者和傾聽者雙方大失所望。[5]

本章摘要

反映式傾聽受惠於這些準則：

- 不要假裝理解。
- 不要告訴說話的人：「我懂你的感受。」
- 變換回應方式。
- 專注於感覺。
- 選擇最精確的感覺用語。
- 培養聲音語調的同理。

- 力求具體與相關。
- 提供不武斷但堅定的回應。
- 反映說話者的資源。
- 反映問題隱含的感覺。
- 簡短互動期間也可以快速反映。

經常有人問：在他人遇上麻煩時，有沒有哪些時機，可以做積極傾聽以外的事情？附加回應 —— 包括提供事實資訊、採取行動、引導對方進入解決問題的過程、適當的自我揭露和提出對比 —— 可能有所幫助，但是要謹慎使用。在做出附加回應後，進一步給予反映式回應，通常是明智的做法。

很多時機需要反映式傾聽：
- 在你行動之前；
- 在你爭論或出言批評之前；
- 在他人感受到強烈情緒或想要討論問題時；
- 在對方說「暗語」時；
- 在你有同樣強烈的需求時；
- 在你跟自己說話時。

明白何時不適合進行反映式傾聽也很重要：
- 你就是不會接受對方的時候；
- 你不信對方想得出辦法的時候；
- 你和對方的「關係分不開」的時候；
- 你只是用傾聽來隱藏自己的時候；
- 你覺得受到壓迫、煩擾或氣力放盡的時候。

傾聽固然常令人欣喜，但也是吃力不討好的行動，不該輕率進行。如果做得好，傾聽可以充實說話者和傾聽者的關係；如果做得不好，就會耗損關係。請運用這一章的指引，提升傾聽的影響力。

第7章　如何提升反映技巧，成為更棒的聆聽者

第三部

自我維護的技巧

假如我不為自己，誰會為我？

假如我只為自己，我又是什麼？

如果不是現在 —— 又待何時？[1]

—— 希列（Hillel），古猶太賢人

第8章

人際關係的
三種互動模式

開誠布公的溝通。學習如何放鬆、減輕焦慮。讓你更多需求獲得滿足。學習社交技巧，建立更緊密的人際關係。能夠用言語和非言語傳達你的正面和負面感覺、思想、情緒，又不致感受過量的焦慮或愧疚，也不會侵犯到他人的尊嚴。為你的人生發生的一切負起責任。做更多決定和自由的選擇。當自己的朋友，維護你自己的尊嚴和自重。明白你有某些權利和價值體系，是不需要犧牲的。能夠保護自己不被犧牲，不被別人占便宜。分得清楚自我維護的行為，何時有正面成果，何時有負面效應。

基本上，這就是我們心目中「自我維護訓練」的內容。這不是「侵略訓練」，要你越界侵犯他人的權利和尊嚴。這不是為求勝利而操控或欺瞞他人的手段。恰恰相反，自我維護訓練建立在尊重的基礎上──尊重自己、尊重他人、尊重你自己的價值體系。[1]

──薛文·科特勒（Sherwin Cotler）和
胡立歐·蓋拉（Julio Guerra），
臨床心理學家

傾聽與自我維護：溝通的陰與陽

中國思想中的「陰」與「陽」是分屬兩極的類別，雖截然不同，卻是相互依賴且互補的生存面向（見圖表8.1）。陰陽對彼此皆不可或缺。「陰陽家」的目標是達成這兩種原理之間的完美平衡。

圖表8.1 表示陰陽的太極圖

我喜歡把「傾聽」與「自我維護」想像成溝通的陰與陽，充滿活力的關係必包含自我維護和傾聽。自我維護之「陽」是揭露你的感覺、需求和想望。傾聽之「陰」則是在對方受到壓力或愉悅時，加以理解與接納。陰陽並行是維持溝通活力之道，倘若一段關係有哪一方缺了傾聽或自我維護，這段關係就無法充分發揮潛力了。

前文已經提過，現代社會普遍欠缺傾聽。不幸的是，有技巧的自我維護也十分罕見。一位小說家筆下一對母女，在某個辛酸時刻的互動，倒是頗為常見。那位母親傷心地說：「真正該說的話，總是說不出口。」[2]

加強自我維護的方法

一如特定技巧可以增進傾聽能力，要加強自我維護也有實用的方法。自1960年代以來，針對如何加強自我維護的研究和實驗已蔚為流行，探討自我維護和「艱難對話」的書籍和文章已氾濫市場。自我維護儼然成為組織環境裡的必要技巧，使相關研討會和課程成為專業發展計畫的基礎。

自我維護訓練（assertion training, AT）最大的魅力就在它的功效。密蘇里大學一項研究指出，有85％的參與者覺得受訓之後，自己的人生產生了若干變化。類似比例的參與者表示，他們在完成訓練的6到18個月內，能夠維持或增進自我維護的技巧。[3] 各種訓練課程的品質顯然良莠不齊，但是它這麼受歡迎的主因之一，就是方法極為實用。多數人覺得立即可行，而且成效相當不錯。

本章將定義兩種自我維護的層面：防衛式（protective）和預應式（proactive），區分自我維護、屈從及侵略，並指出這些生存方式的報酬和懲罰。能夠充分領會這一章內容的讀者，多半會覺得比較容易學習後面第三部那幾章介紹的自我維護型溝通技巧。

保護個人空間的必要

每個人都有獨特的個人空間——屬於他們的身體、心理和價值觀的領土。這個空間的大小和其他許多特質因人而異。在個人的生命空間裡，我們會行使個體性的

特權；在個人空間外，我們會進入需要考慮他人權利，也需要適應力的共同領域。偶爾（或者經常），其他個體會變成侵略者，侵犯我們的私人領地。

生命空間的概念不易描述，但還算容易理解。最容易描繪的部分是領土的面向。「領土」包括一個人擁有的財物——衣服、某幾件家具等等。除此之外，一個人的身體或領土空間，還包含從身體延伸出去的區域，而這個區域的周圍布有看不見的界線。普立茲詩歌獎詩人 W. H. 奧登（W. H. Auden）這麼形容他的領土：

> 距我鼻子約三十吋，
> 就是我個人的國境，
> 而之間所有未開墾的空氣，
> 是私人的轄區或領地……
> 當心別粗魯地跨越：
> 我沒有槍，但可以吐口水。[4]

德國社會學家格奧爾格·齊美爾（Georg Simmel）指出，知名人物的個人空間比普通人來得大。他說，人一般會藉由保持二十五呎*以上的距離，來表示對重要人士的敬意。[5]新聞記者白修德（Theodore White）在《1960年總統的產生》（*The Making of the President 1960*）這本書中，提供了一個重要人物被賦予寬敞個人空間的有趣實例。場景是甘迺迪總統和幕僚使用的一間「隱匿小屋」：

甘迺迪踩著輕盈、跳舞般的腳步進了小屋，如春天

---

* 約7.6公尺。

一般青春柔韌，向一路碰到的人打招呼。然後，他看似溜出他們身邊，下了錯層的階梯，來到他妹婿薩金特・施賴福（Sargent Shriver）和胞弟巴比正在聊天等他的地方。房裡其他人憑一時衝動湧向他，然後停下腳步。離他大概三十呎……他們，這些比他年長的資深政要散開來，站在那裡看著他。他幾分鐘之後回頭，看到他們看著他，向他的妹夫嘀咕了幾句。這會兒施賴福越過中間地帶去邀請他們過來。先是艾佛瑞・哈里曼（Averell Harriman），再來是迪克・哈利（Dick Haley），再來是麥克・迪賽爾（Mike DiSalle）。然後，讓他們一一向他祝賀。但未獲邀請，沒有人可以越過他和他們之間那一小段開放的距離，因為就是有這層薄薄的隔閡，因為他們知道自己不是他的贊助人，而是他的客人。他們唯有受邀才能過去，因為這位可能將是美利堅合眾國的總統。[6]

　　尊重他人的個人空間，除了要和對方保持適當的空間距離，也包含維持恰當的情感距離。他人不願做下列這些事情，就是認可我們心理或情感的地盤：給予貶抑的評論、打探隱私、提供無根據的建議、操控我們遂其所願、用濃情密意使我們不知所措、強迫我們接受和他們一樣的身分認同等等。

　　尊重我們的個人空間，即是賦予我們堅守本身價值觀的權利。人們常把他們的價值觀強加在我們身上。老師常把價值觀強加於學生，教練強加於選手，雇主強加於員工，配偶強加於另一半。對很多人來說，避免在價值觀議題侵犯別人的空間，是極度困難的事。

無疑地，還有其他要素會建構一個人的個人空間，但現在我相信你已經明白我想表達的意思了。且讓我用這句話做個歸納：**尊重我的個人空間，包括尊重我的身體、情緒、關係和道德界限，允許我做自己。**

　　當兩個以上的人生氣蓬勃地在一起，他們會構成專屬的社交空間。旁人要以各種方式尊重這種社交空間，他們該從旁邊、而非兩人之間走過去，或者如果沒有替代路線，可以低著頭從兩人中間穿過去。當兩人互動熱烈，旁人就該忍住別去打斷人家，要等時機看似恰當時，再問能否加入。

　　要在情緒和價值觀方面與他人的社交空間保持距離，通常頗為困難。例如，在孩子長大結婚後，雙方的爸媽往往會侵犯年輕伴侶的社交空間，有些甚至到損害新婚的地步。

　　熱戀的雙方也要花點心力理解個人空間和社交空間之間的關係。健康的關係能讓每個伴侶的身體、情緒和價值觀空間保持完整。關係裡的雙方，都需要維持不受摯愛干擾的獨立生活空間。伴侶需要給彼此獨立且獨特的情緒空間；爸媽也需要尊重孩子的情緒空間。

　　我們都住在擁擠的世界裡，周遭充滿不完美的人。其中難免有些人會有意無意侵犯你的空間——除非你設定界線好好保護。這是活出充實人生的必備技巧。洛伊絲·提明斯（Lois Timmins）寫道：

生命空間是經由出生取得，透過決心維持，因軟弱

而失去……。在我擁有生命空間後，我不是占有，就是失去……。當我擁有生命空間，我會感覺到生命的意義、自信、肯定、滿足、適應良好、充實、負責、自制、強大、覺醒的。[7]

透過預應式的自我維護豐富你的世界

學會成功捍衛自己的空間至關重要，但如果我們一直如銅牆鐵壁，我們的生命會變得淒涼、狹隘而鬱悶。懂得掌握自我維護的人與人互動的方式，會將他們送進滋養的關係、高尚的工作、有創造力的休閒活動，以及值得他們獻身的理想中。我用「預應式」（proactive）這個詞，形容一個人用正向而不具侵略性的方式，對自己以外的世界造成影響。

預應的個體會主動接觸他人，建立活力充沛的關係。他們會影響機構和社會，會刻意滿足自己的需求、發揮和培養他們的能力、傳達他們的「真理」、運用他們的創造力，發展出強有力的平等關係。

人人都有付出與接受愛的心理需求，需要投身於一些重要而有力的關係中，我們也需要委身於值得奉獻的目的。英國劇作家蕭伯納（George Bernard Shaw）寫道，人生真正的喜樂在於「為你自己認定為偉大的目的所用；……成為一股自然力」，而非無所事事地等待世界讓你開心。[8]

奉獻大半生於研究心理健康的心理學家亞伯拉罕·馬斯洛（Abraham Maslow）發現，心理健康的人就是能

把生命活得淋漓盡致的人。他把這些人稱作「自我實現」者，經由研究斷定他們「全都投身於皮囊之外的某個理念、自身以外的某件事物，無一例外。」[9]

我將預應式的自我維護視為一種責任，也視為一種機會，因為我們所處的這個社會，一如其他社會，為社會弊病和嚴峻的不公不義所累。在他人因社會的不公不義受苦時，我無可避免捲入其中。我覺得自己有義務努力發揮一點社會影響力，就算明白我的影響力微不足道。

從屈從、維護到侵略

有一種方法有助於理解自我維護：把它視為保護自己的空間，並且主動以不具破壞力的方式，預先影響他人和社會。對於自我維護，還有一種實用且更普遍的定義，是將它置於從屈從演變為侵略的層次之中，與它們形成對照（參見圖表8.2）。接下來，我們會針對位於圖表8.2兩極的「屈從」和「侵略」做點描述。

屈從的行為	維護的行為	侵略的行為

圖表8.2 從屈從、維護到侵略

屈從的行為

平常動輒屈從的人，不會挺身捍衛自己的需求和權

利，*不會誠實表達自己的感覺、需要、價值觀和關注的事物。他們很少述說自己的渴望，雖然在許多例子中，只要說出口，那些需求就能夠獲得滿足。

也有些屈從的人確實會表達自身的需求，卻也流露愧疚和怯懦，以至於別人不會認真看待。他們會添加修飾語，像是「不過，那對我真的不怎麼重要」，或是「但你想怎麼做，就怎麼做。」有時他們認為自己已經說得夠清楚了，但不經意間，他們的訊息卻像加了密碼，別人根本就不了解他們的意思。像是聳肩、缺乏眼神接觸、聲音太過輕柔、講話猶豫不決等非言語和其他因素，都可能損害需求的表達。

舉個例子，一支專案團隊的經理請成員每週更新數字，好讓每個人都能正確得知團隊的進展。當一位成員錯過期限，經理親自幫他更新數字，而未直接處理問題。當第二位成員遲交，經理如法炮製，然後第三位、第四位……不經意間，這位經理一步一步訓練團隊忽略他一開始的要求。

就像那位經理，有些人習慣性地邀請別人占他們便宜。他們會提議做些讓關係一面倒的事情，讓別人可以放心地低估或忽視他們的需求。

神奇的是，屈從的行為在我們的社會非常普遍。湯瑪

＊作者注：很多探討自我維護的書籍使用「不維護」（nonassertive）一詞、而非「屈從」（submissive）。「不維護」暗示缺乏行動，傳達較中立的意義。「屈從的行為」則暗示有選擇，是屈從的人選擇了這種交際方式，不僅不願維護自己，還常常服從對方。屈服通常涉及與侵略者配合。雖然這種觀點有可能過度詮釋，但我相信這樣的區別是有用的。

斯‧摩里亞勒提（Thomas Moriarity）進行過數項研究，判定不同受試者群組「維護性抵抗」（assertive resistance）的程度——受試者不知道自己被觀察。摩里亞勒提發現，大學生在進行重要的心智任務時，會不願請另一名學生關掉吵到他們的音樂。有80％的學生不會表達他們的需求，他們會忍受，之後才承認那會害他們分心、惹他們厭煩。有15％的人會請另一人調低音量，但不會說第二遍。只有5％的學生會請求兩遍，讓需求得到滿足。

摩里亞勒提在其他多種涵蓋各年齡層，包括成年人的情境中觀察到類似的模式。一般而言，有80％以上的人，完全不會捍衛自己的權利或滿足自身需求，連一句話也不會說。摩里亞勒提做成結論：我們是「甘願受害的民族。」[10] 屈從的行為，似乎已經成為一大部分人口的「預設反應」。

侵略的行為

「aggression」（侵略）這個單字，多少有點令人困惑，它的拉丁字根「aggredi」（行進、著手處理）衍生出兩種截然不同的意義。這個單字一方面意指找某人商量或尋求建議，但「aggression」更常見的一般定義是：「以行動反對」或「進行意在傷害的行動」。

侵略性強的人會把自己的感覺、需求和構想強加在他人身上。他們似乎有時會亂發脾氣，可能講話大聲，會出言不遜、粗暴無禮、尖酸刻薄。他們可能會嚴厲斥責服務不周的店員和服務人員、霸道對待部屬和家人，

並堅持要對他們覺得重要的話題擁有最終話語權。

侵略性強的人傾向壓制他人。他們的觀點是：「我想要這個；你想要的沒那麼重要，或一點都不重要。」卡洛琳娜‧瑪利亞‧德‧赫蘇斯（Carolina Maria de Jesus）曾在巴西貧民窟深陷貧窮泥淖，她寫了一本感人的書，在書中怒斥很多富人的侵略性：「令我反胃的是那些人的貪婪，簡直把其他人當橘子一樣榨取。」[11]

維護的行為

反觀懂得自我維護的人，會運用溝通方法來維繫自我尊重、追求快樂和滿足自身需求，並在不致侵犯或支配他人的情況下，劃定保護個人空間的界限。雖然滿足了個人需求，卻也不會打擾他人的個人空間。**真正的自我維護，是一種既肯定自己的個人價值和尊嚴，又肯定和維護他人價值的處世方式。**[12]

人們有時會說某某某「太維護自己」，按照我的定義，那已經越過「維護」的界線，進入「侵略」了。如果自我維護的行為，考量了我們和他人*的權利且適合情

＊作者注：自我維護訓練領域的領導者，很少深入處理數百年來令哲學家全神貫注的倫理議題。對許多這樣的思想家來說，基本的倫理議題是人該如何因應兩人或更多人之間顯然有利益衝突的情境，也就是我們將在本書後文檢視的議題。自我維護訓練的功用之一是：提供非學術人士務實的方法來改變行為，而不必詳盡了解倫理學或心理學的理論。不過，自我維護訓練也有壞的一面：它可能變成一連串反侵略、甚至侵略的手法。雖然這本書的理論部分沒有鑽研基本的倫理困境，但我相信本書仍為如何在互動中表現出尊重各方權利及滿足各方需求的舉動，提供了強有力且一貫的論據。如果不可能同時滿足所有人的需求，那就需要化解衝突的方法和健全的道德判斷了。

境，沒有哪種行為可以稱為「太維護自己」。

三種人際互動風格的例子

　　要區別「屈從」、「侵略」和「自我維護」的回應，最有幫助的一種方式是觀看特定情境的每一種回應。在讀過下列情境和回應後，請依據前述基本特性將每一種回應區分為「屈從」、「維護」或「侵略」。在第一種情境中，我會指出確切的類別。在後面的兩個情境，你可以先自己幫回應分類。

情境一
在一間滿場的電影院裡，你身後的觀眾一直用相當大的聲音聊天，害你沒辦法專注於劇情、盡情享受看電影的樂趣。電影院坐得滿滿的，你也沒辦法換位子。

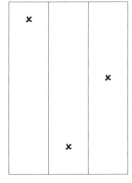

	屈從	維護	侵略
回應A 你什麼也沒說，一直保持沉默、繼續忍受。	✗		
回應B 你轉過頭跟他們說：「你們不懂得尊重別人嗎？如果不馬上閉嘴，我就去找經理來把你們攆出去。」			✗
回應C 你轉頭，直視說話的人說：「麻煩放低音量。你們聊天的聲音妨礙到我欣賞電影了。」		✗	

情境二

校長時常用擴音機宣布事情，不必要地打斷你授課。

	屈從	維護	侵略
回應A 你去跟校長說：「您在上課期間宣布事情，讓我覺得受挫，因為授課被打斷了。」			
回應B 你很火大，覺得校長真是太遲鈍了。但是，你把感覺放在心裡。			
回應C 你對校長說：「請問校長的用意為何？一天到晚打斷人家上課。不能有條理、有規劃一點，一次廣播就把訊息說完嗎？」			

情境三

你下班回到家經常覺得很累。你一進家門，你的伴侶（比你早到家）就開始滔滔不絕、鉅細靡遺地講他今天發生的事。你暫時不想聽任何人說話，想先把重心放在自己身上。

	屈從	維護	侵略
回應A 內心雖然不滿，但你心不在焉地聽伴侶說話。有時你會移開視線，希望他會接收到暗示。你一直想：「太自私了！給我一點空間不行嗎？」			
回應B 你打斷他，咆哮：「你看不出來我壓力很大嗎？我只想要安靜幾分鐘也不行嗎？這樣的要求會太高嗎？」			
回應C 你告訴你的另一半，你真的累了，需要一些時間充電。如果沒有很急，你想要等到晚餐時，再分享你們今天的點點滴滴。			

這些例子看起來可能跟一些漫畫劇情無異；的確，我是故意用比較極端一點的方式描述，讓辨識簡單一點。不過話說回來，很多人的行為真的就是這麼極端。

下列是情境二、三的分類：

情境二	情境三
回應A──維護	回應A──屈從
回應B──屈從	回應B──侵略
回應C──侵略	回應C──維護

在極端情境中，當人們的權利未受尊重或需求一直未獲滿足，他們會累積怨恨和憤怒。若這種事發生在屈從型的人身上，憤怒常會化作一次侵略性的大爆炸。一經發洩，他們又會回到屈從的行為模式。同樣地，侵略性強的人也許會在內心壓力或緊張到達臨界點時變得屈從──但只是暫時的。兩種風格都會從情緒光譜的一端擺向另一端，然後又擺回去。他們似乎不明白自我維護的選項，或許更能滿足他們的需求。

你在哪個位置？

請花幾分鐘思考，**你位於「屈從－維護－侵略」這條光譜的哪個位置？**哪種風格讓你覺得最舒服？你在哪些時候、跟哪些人在一起時，最可能有不一樣的舉動？你對這些問題的思考與回應，會讓後文讀起來跟你更有關係。

三種人際互動方式的報酬與懲罰

屈從的好處與代價

平常不習慣屈從的人也許不以為然,但屈從的行為確實是有好處的。這是避免、延後或掩蓋衝突的方式,衝突令許多屈從型人士心生畏懼。屈從型人士肩負的責任,也比維護型或侵略型的少得多。如果事情出錯,人們很少怪罪只跟從他人領導的人。如果我們去看的電影很難看,不會有人批評屈從者的選擇。畢竟,在被徵詢意見時,那個人會說:「什麼都好,你選就好。」

但是屈從的代價,可能遠遠超過這些好處。多數屈從的人沒辦法把人生過得精彩,他們隨波逐流。他們聽從別人的願望,經常不願陳述己見。他們待在泳池淺水的那端,多半未能建立令自己真正滿意的人際關係。屈從的人常被稱讚無私、有風度、願意多出一分力等等;現實上,這些常是收買他人認同的策略。

壓抑情緒和需求的結果,屈從的個體也可能經歷身心挑戰。屈從行為有可能導致或加重的疾病包括偏頭痛、皮膚病、潰瘍、高血壓等等。與屈從有關的心理問題包括低自尊、高度焦慮、憂鬱、壓抑,以及伴隨這些而來的影響。整體來說,行為愈屈從、溝通愈隱蔽,人們就愈可能經歷這樣的後果。

侵略的好處與代價

多數侵略型人士之所以侵略性那麼強，是因為侵略會為他們帶來報酬。侵略性主要和三種報酬多少有點關係：侵略者可能獲得他們想要的物質需求和目標；他們多半能夠保護自己和自己的空間；他們似乎能對自己和他人的生活保有相當程度的掌控權。

一如屈從，侵略的負面影響也可能非常嚴重。一個後果是恐懼與日俱增。很多人的言行舉止具有侵略性，不是因為他們強硬，而是因為內在軟弱。他們的侵略行為動輒樹敵，而這會讓他們更脆弱、更擔心。

侵略也可能招致反侵略。我們常問溝通技巧研討會的學員，若他人以威權（侵略）的言行對待他們，他們會如何因應？他們（和其他人）面對侵略行為的因應之道，一般包括反抗、指責對方、挑戰、妨礙、回擊、結盟、撒謊、掩蓋等等。如此一來，侵略可能會為侵略者招來更多問題。

侵略會剝奪對方的人性，其實那對侵略者也會產生剝奪人性的效應。我們每個人都是被創造來愛人和運用「物品」的，侵略者則會把「人」變成物品來利用。喬治・巴哈（George Bach）和羅納德・多伊奇（Ronald Deutsch）說：「當一個人『物化』了另一個人時，他也自動物化了自己。」[13] 每做出一次侵略行為，侵略者的人格都會再縮小。他不只疏遠了生命中的其他人，他的行徑也常使他疏遠了自己。

最後，一如屈從的行為，侵略也會嚴重危害一個人的健康。冠狀動脈血栓症（coronary thrombosis），也就是心臟病和中風的主因，會對侵略型人士造成最嚴重的傷害。對一些人來說，與侵略性有關的情緒和身體的代價，會形成恐懼、孤立和疾病的惡性循環。

自我維護的好處與代價

至於自我維護的人，最驚人的一件事是：他們大多覺得做自己好自在。雖然自我維護不是建立自我價值感的唯一因素，但行為治療醫師赫伯特・芬斯特海姆（Herbert Fensterheim）的說法相當可信：「自我維護的程度，決定了自尊的高低。」[14]

自我維護的第二個好處是：它能促進實現自我的關係。自我維護會對他人散發正向的能量。自我維護的人比較不會受困於自我意識和焦慮，也比較不會受制於自我保護或控制的需求，因而更容易設身處地和關愛他人。自我維護讓你對自己更自在，別人也會因此覺得跟你在一起很舒服。最豐富、最完整的親密關係，出現在懂得自我維護的兩個人之間。親密的定義為「能向重要的人反覆表達我最深刻的抱負、期望、恐懼、焦慮和愧疚」，這種揭露就是自我維護的行為。不過，親密還有個重要面向經常被忽略。霍華德和夏洛特・克林貝爾（Howard and Charlotte Clinebell）在《親密婚姻》（The Intimate Marriage）一書中指出，親密是「關係裡互相滿足需求的程度。」[15]**健康、互惠的需求滿足，只會發生**

在彼此都能自我維護的人之間。最好的婚姻、友誼和親子關係，是自我維護生活的果實。

另外，維護的行為能夠大幅減輕一個人的恐懼和焦慮。研究證實，學會做出維護的回應，確實能緩和之前在特定情境經歷的焦慮和緊張。隨著一個人愈來愈懂得自我維護，便能明白一定可以滿足自己的需求和維持個人的界限，在待人接物時，不會害怕受到傷害或遭到掌控。

自我維護行為的最大好處是：可以實現自己的人生。若你讓別人知道你想要什麼，而且挺身捍衛自身的權利和需求，你從人生得償所願的機會就會大大提升。自我維護是成果導向的——我們是這樣教學員的。經由我對他人的觀察，以及我的親身經歷，我相信透過不斷地自我維護，會比屈從或侵略的行為，滿足更多的個人需求。當然，自我維護也有無法順利達成目標的時候，但我相信在多數情況下，要捍衛我們的空間、實現個人需求，自我維護的行為是最適當、最有效、最有建設性的做法。在自我維護並未取得冀望成果的場合，那仍然可能是較可取的人際交往方式。誠如英國維多利亞時代藝術評論家約翰·羅斯金（John Ruskin）所言：「寧願可敬的失敗，也不要卑鄙的成功。」

自我維護的行為有很多好處，但也要付出代價。真誠做自己，有時可能是痛苦的經驗。在一段關係裡保持真誠，固然可能帶來愉悅和親密，但也可能導致衝突。要維護自我，就必須願意冒上意見不合的風險，明白衝突是建立有意義的平等關係所必需的。沒有經歷過那種

脆弱，我們就不可能體會恆久的愛的喜樂——儘管有可能體驗缺乏真誠的熱戀，但無法實現深刻的關係。此外，當我們敢於感受脆弱，就算是跟自己信任的朋友在一起，有時也會覺得受傷。

自我維護訓練常強迫學員重新評價自己的基本價值觀，學員會發現自己用嶄新的眼光理解互相矛盾的價值觀。如果有人向來重視「不惜任何代價的和平」，然後見到自我維護訓練證明立場可能對雙方產生負面影響，重塑價值觀的艱難任務就迫在眉睫了。對很多人來說，重新檢視從童年深植至今的價值觀，是何其可怕的事。

自我維護要付出的最大代價，或許是意志力：要拋棄對屈從或侵略習慣的過度依賴、發展新的有效的人際互動方式，都需要相當的意志力。我們大多難以戒除一些惡習，就算我們的認同感和追求的行為改變一致，就算我們的價值觀強化了改變的必要，根深柢固的習慣仍然很難改變。

自我維護訓練的主要貢獻是：它處理了每一項負面因素，幫助人們學會針對自我維護的結果做出更實際的評估，也幫助很多人以不同且有益的眼光看待價值觀的議題。援用學習理論和其他資源，它幫助人們學習在戒除不良習慣的同時，也發展更充實的生活與人際交往的方式。

請自行選擇

自我維護訓練的主要目標是：讓我們對自己的生命

負責。它能夠幫助我們脫離窠臼、揮別刻板印象或強制的行為，在最好的情況下，自我維護能夠幫助我們培養選擇行動的力量。

由於先前受到制約，有些人會不由自主做出屈從的行為；有些人則習慣性表現侵略。多數人至少會在某些情境中展現可預期的屈從或侵略。**自我維護訓練的真正目標是幫助個體有效選擇自己的行為，而非在每一種情況中都採用自我維護的行為。**

在每個人的生命中，都有比較適合屈從或侵略行為的時候。對我來說，有時任憑他人處置是明智的，有時則有必要展現侵略性來捍衛自身權利。這一天我可能選擇我行我素；隔天我可能會壓抑自身需求，讓路給別人關注的事。雖然我可能選擇在某些場合表現屈從，而在其他時機展現侵略性，但我深信多數時候在這條光譜上，自我維護是最恰當的行為。

本章摘要

傾聽與自我維護是溝通的陰與陽 —— 人際關係中截然不同，卻互補且相依的部分。正如同有技巧可以培養較好的傾聽能力，也有技巧可以增進自我維護的能力。

我們每個人都有需要保護的個人空間，也都有預先影響他人和世界的心理需求，自我維護訓練正是針對這兩方面教導有建設性的方法。

要理解自我維護，一個有效的方法就是拿它與屈從和侵略對照。每一種人際互動的方式都有各自的報酬和

代價。自我維護訓練的主要目標是：讓人得以對自己的人生負責，避免重複失調與刻板的行為，以便在身處的情境中做出恰當的回應。下一章，我們將把重點擺在如何運用最有效的一種自我維護方法。

第 9 章

學會三段式自我維護

若有人死纏著你，那是因為你沒有學會怎麼叫他別煩你。[1]

——大衛・西伯里（David Seabury），
心理學家、作家

在前一章，我區別了防衛式自我維護（劃定界限保護你的個人及情緒空間）和預應式自我維護（影響你個人空間以外的世界）。這一章和下一章將著眼於一種用自我維護保護你的空間的明確方法，之後在第11章將探討其他能夠幫助你拓展自我維護技巧的選項。

這本書之所以投入兩章來捍衛你的空間，原因之一是多數人不會這麼做（因此陷入屈從行為），或是做得不好（變得具侵略性）。但是，你確實可以有效捍衛你的個人空間，而且是技巧嫺熟地捍衛，其中一種成效卓著的自我維護方法，需要使用包含下列三個部分的訊息：

- 對於要改變的行為，進行非評斷的描述；
- 揭露你的感覺；
- 確切說明對方的行為對你的具體影響。

在建構這些訊息的過程中，你可能會意外發現自己走上自我發掘的旅途，愈來愈了解自己。

用言語自我維護：第三個選項

地球上的每一個生物都有捍衛空間、生命、阻擋侵略和攻擊的問題。每一種生物也都遺傳了某種自衛機制。

「戰或逃」是非人類物種最重要的因應行為，特別是脊椎動物。這些反應近乎自發性，是先天設定好、對這些動物極具生存價值的行為。人類也會用這些方法，有時公然，有時則較隱晦。但不同於其他物種，人類還有第三個重要的選項，可以用來捍衛自己的空間。這個最能夠區

別我們與其他物種的特色，是演化為我們較原始動物腦添增的「新腦」──會運用言語和解決問題的頭腦。

從我們的前人類祖先承襲而來的「戰」或「逃」機制，大約相當於「侵略」和「屈從」。今天，雖然這些因應方法偶爾仍對人有幫助，但通常並不足夠。過度仰賴其中哪一條途徑也不可取，如心理學家曼紐爾・史密斯（Manuel Smith）指出：

> 在我這裡治療的病患，動輒因為自己的喜好對他人生氣或步步進逼，或持續害怕而不敢面對他人，或受夠了一直失敗而心情抑鬱。心理治療師的病人大多是因為過度仰賴各種……形式的戰或逃反應嘗到苦果而尋求協助。[2]

儘管我們遺傳了為求生存而戰或逃的能力，對人類來說，盡可能靠說話來化解爭執，是比較健康的做法。

要運用這第三種選項，最重要、通常也相當困難的一個層面是：學習精確、有效地使用語言。[3]自我維護需要精確的言論──不是倉促草率的陳述或雜亂無章的話。在一般情況下，人都常覺得很難把話說清楚講明白了，更何況是我們感覺需要維護界限的時候。我們可能生氣、受挫、害怕，而在我們面臨情緒壓力時，要精確扼要地傳達想法更是難上加難。我們可能回到「預設值」：經年累月養成的習慣性侵略或屈從回應。在我們感受到他人侵犯我們的空間時，我們的生理常會阻礙我們的語言能力。壓力會促使較低級腦中心干擾較高級腦中心的運作，在這些情緒狀態下，大量血液會自動從頭

腦湧向骨骼肌和內臟，這些因素抑制了言語和解決問題的大腦，使它無法以平常的效率運作。

雖然在壓力下很難把話說得精準，但也並非不可能。三段式自我維護訊息，能夠助你一臂之力。

三段式自我維護訊息

當他人的行為以各種方式侵犯我的身體、情緒或心理空間時，我會傳達以改變那種問題行為為目標的自我維護訊息。

高效自我維護的特色是不霸道的堅定，這就是為什麼這個三部分的訊息不包含解決方案，對方要自己設想怎麼改變行為。接收到這些訊息的人，通常能夠提出既維護他們的自尊，又能滿足我的需求的解決之道。

「三段式維護訊息」從描述冒犯的行為開始，也包含描述那些行為如何影響你的人生，以及你作何感受。維護能否成功，訊息的每一部分都很重要。**初學者可以套用這個句型讓訊息更有效：「當你⋯⋯（非評斷地指出行為），我覺得⋯⋯（揭露你的感覺），因為⋯⋯（確切說明那對你人生的影響）。」**訊息的三個部分要盡可能簡單扼要，用一句話說完。例如，在一個家庭裡，兩個小孩經常吃完點心不清理桌面，媽媽傳達了這個訊息給他們：

行為	當你們吃完點心沒清理桌面，
感覺	我覺得很討厭，
影響	因為我得做更多工作。

三段式訊息的有效及無效使用

　　當我們溝通技巧課程的學員學到三段式維護訊息時，他們常拿來與他們過去處理類似情境的方法比較。毫無例外，他們先前都用了羞辱、指責或第2章介紹過的其他溝通路障。湯瑪斯‧戈登（Thomas Gordon）博士有類似的經驗：「這麼說絕對不誇大，我們班上有99％的家長，在生活被孩子的行為打亂時，採用無效的溝通方法。」[4]

　　受訓學員麗茲告訴我們，她和九歲兒子布拉德的長期抗戰。每週起碼有一天，布拉德因為房間亂七八糟找不到鞋子而趕不上校車，這會連帶拖到麗茲出門上班的時間。備受挫折的她告訴布拉德：「你怎麼可以這樣對我？假如你把東西都收好，你現在就會知道它們在哪裡。你房間這麼亂，我怎麼可能找得到你的東西？要是你不馬上找出來，就準備接受處罰吧。」

　　回想那個情境，她說：「在那個情況下，我用了這些溝通路障：說教、評斷、威脅。就算如此，時間仍一分一秒流逝，我們兩個的需求都沒有獲得滿足。因為我們浪費時間爭執，鞋子沒有及時找到，於是現在我們又碰上新的問題：布拉德沒趕上校車。這下子，我的壓力更大了！布拉德懷著惡劣的心情上學去，而我一整天都被那件事給毀了。」

　　然後麗茲說明，那一天她可以怎麼應用在課堂上學到的技巧，換種方法跟布拉德溝通。「首先，」她說：

「我不會在我們都沒時間討論的時候質問他。我會像這樣說：『你在你房間找，我去樓下看看。』之後，放學後，我會使用這個自我維護的訊息：『布拉德，我想跟你聊聊今天早上發生的事。早上你找不到鞋子的時候，我覺得很生氣，因為我自己準時上班的壓力很大。』」幾天後，同樣的情況又再發生一遍，麗茲照著她在課堂上擬訂的計畫做。「真的有效，」她後來說。「在我傳達維護訊息之前，鞋子不見的煩擾，大概每週都要發生一次。在那之後四個月，只有再發生一次。」

學會建構三段式自我維護訊息

三段式自我維護訊息看似很容易；事實上，需要審慎思考才能創造有效的訊息。因此，讓我們一一探究訊息的每一部分。

① 非評斷的行為描述

在你維護自己的需求時，你必須精確、客觀地描述需要改變的行為，否則對方可能無法清楚理解你希望他改變哪一種行為。

我們時常覺得難以置信，對方居然可能不知道我們希望他修正哪一種行為？！常有人這麼說：「別鬧了。他們明明知道我們在不爽什麼，只是不在乎、不肯停止罷了。」有時候，他人當然很清楚他們的行為對我們造成哪些負面效應，即便是在這樣的情況下，妥善執行的維護訊息，也可以避免那種行為一再重複。不過，下列

這個事實常令維護者驚訝：侵入者其實沒有察覺到他們的行為正造成不受歡迎的影響。他們經常這麼說：「啊？我不知道那惹你不開心了」，或是「我想，你曾經試著告訴我這件事，但我到現在才真正了解。」

如果你要保護你的個人空間，你必須要能夠精確地描述困擾你的行為，對方才能確切明白什麼惹你不快了。下列這六條準則，能夠幫助你建構有效的行為描述。

首先，要用明確、而非含糊的語言形容那種行為。如果你的訊息太籠統而不具體，對方就無法確切了解你的意思。如果你的維護訊息沒有精確地描述對方的行為，你的需求就不大可能獲得滿足。

明確的行為描述	含糊的行為描述
你上學前沒有鏟車道上的雪……	你沒有為全家人的事情盡一分力……
你這星期有三天上班遲到……	你忽略公司政策……
情境A：一對夫妻一起開車上班	
你到七點半還沒準備出門上班……	你早上慢慢來……

在上述三個例子中，接受到左邊訊息的人，會確切知道需要改變什麼樣的行為。至於在右邊的例子中，維護者腦海裡或許有明確的行為，卻沒有依此建構訊息，造成麻煩的人很容易搞不清楚真正造成問題的是哪一種行為。

第二，僅限於針對行為描述，不要推測他人的動機、態度、品格等等。[5] 人們在描述他人的行為時，經常指出他們所想像的對方的意圖，而非敘述對方真正的作為。請比較下列左邊行為描述與右邊推斷之間的差異：

行為描述	推斷
情境：我是團隊領導者。「有三個人話還沒說完，就被你打斷了……」	「你在會議上無禮的舉動……」
情境：我是新上任的經理。「你答應要針對我的引導技巧給我回饋，卻先離開會議……」	「你沒有把我放在心上等到會議結束……」

　　左邊描述的行為是觀察得到的，任何人在現場且聽力、視力健全者，都可以注意到同樣的行為。右邊推斷的行為呈現出對對方心理的臆測。我確實知道同事提早離開會議，但因為那是我唯一擁有的資訊，我不能揣測那個人是不在乎我、得去赴另一個約、人不舒服，或是因為其他原因提早離席。推斷會削弱自我維護，因為我們對於他人內心狀態的猜測多半不正確──更何況就算我們是對的，對方可能也不會承認。自我維護的理論告訴我們，個體的感覺是個人空間的一部分，我們沒有權利改變別人的感覺，因為那是在干涉別人的空間，但我們可以試著改變侵犯我們空間的行為。

　　第三，讓你的行為描述是客觀的陳述，而非評斷。自我維護的陳述不會暗指對方的行為是不道德、愚蠢、

不在意、壞的或錯的，也不會意有所指，不會諷刺、挖苦、一概而論、武斷、誇大或不敬。事實上，健全的自我維護訊息有個獨一無二的要素，就是會避開那些帶攻擊和評價意味，經常毒害人際溝通的語彙。

自我維護的訊息會避免侮辱：

行為描述	侮辱
你還沒五點就離開辦公室……	你像享有特權的首席女歌手，高興什麼時候來就來，高興什麼時候走就走……
你在會議上不停說話，說得比誰都多……	每當有人喘口氣，你就偷走聚光燈了……

自我維護的訊息也會避免武斷，不會使用像是「從來沒有」、「老是」、「每次都……」之類的詞語：

行為描述	武斷
你來接我的時間晚了……	你從來沒準時過……
你在我話說到一半時打斷我……	你每次都打斷我……
你把車停成那樣，讓我的車開不出去……	你老是把車停成那樣，害我的車開不出去……

就算力求客觀，我們仍可能——或許不自覺——在言談中嵌入半遮半掩的評斷和諷刺。有人說我們常這樣說話：「**我**堅持；**你**頑固。」「**我**精明；**你**詐欺。」在你試著客觀描述一種行為後，請仔細檢查，確定沒有微妙的評斷字眼偷偷進入。

行為描述	有評斷字眼偷偷進入的描述
你沒有把車鑰匙放回同樣的位置……	你把鑰匙藏起來讓我找不到……
你的花費超出我們的娛樂預算……	你浪費我們的錢和你朋友出去……

　　有時候，人們會想保有訊息裡的評斷和攻擊成分。我們會問他們：「你是想透過自我維護的訊息，改變對方的行為、維繫雙方的關係？或者，你就是想數落對方，就算難以改變對方的行為、無法維繫良好的關係，也無所謂？」人們偶爾會選擇侵略的路走。我們的目標不是告訴別人該怎麼做，而是協助他們分辨屈從、維護和侵略的行為，並預判每一類行為可能帶來的後果。

　　第四，行為描述愈精簡愈好。我會盡可能讓維護的敘述乾淨俐落，讓對方一聽便明白我的需求。有些人想趁著自我維護時，提出理由和無直接相關的資料；我的敘述則會削減到只剩核心。有些人會在一次維護中歸併好幾種行為；我基本上一次只專心處理一種行為。

精簡的行為描述	冗長的行為描述
你很晚才回來吃晚飯……	你練完足球還跟朋友鬼混、忘了家人，那麼晚才全身髒兮兮地回家吃晚飯……

　　右邊冗長行為描述的家長，希望孩子改變什麼樣的行為呢？是寧可孩子不要參與運動？希望孩子以家庭為重？孩子準時回家吃晚餐比較重要，還是保持乾淨比較

重要？**自我維護訊息裡沒有說出口的事，跟說出口的一樣重要。**不要在你的基本維護上添加外圍資料，先放棄次要的議題和解釋，**完整的維護訊息應精簡成一句話。**

第五，確定你維護的是真正的議題。很多人會傳遞替代訊息，他們正視的並非是真正困擾他們的主題。

人們有時不敢處理人際關係中的重大議題，因此改而維護一連串威脅性較低的事情。例如，一名配偶可能主張他的伴侶花太多時間工作，但真正重要的是這對夫妻共度的時光。就算伴侶改變行為、在家時間變長了，但還是在忙別的事情，這位伴侶最在乎的事情依舊未能獲得解決。

在另一個極端，人們通常不願維護生活中的小事。他們可能會說：「我不該為這種芝麻小事困擾。」有時我們確實可以愈來愈包容他人的行為，但通常那股怨念仍會繼續在內心深處滋長。

芝麻小事也可能成為生命中的重大刺激。有位男士從美國大西洋岸徒步走到太平洋岸，旅途結束時被記者團團包圍。一位記者想知道：「你的旅程最艱困的地方在哪裡？洛磯山脈？炎熱的沙漠？還是像芝加哥這樣又大又擠的城市？」「都不是，」徒步者說：「最大的麻煩是我鞋子裡的沙。」

人際關係也是一樣，小事往往比乍看之下嚴重。哈贊·維爾納（Hazen Werner）寫道：「多數婚姻不是在狂風暴雨中撞上岩石而破裂，而是不斷遭受小卵石襲擊而損壞⋯⋯那些日常生活中的小小衝突和看似微不足道

的惱人事物。」[6] 約瑟夫‧薩巴特法官（Joseph Sabath）
這麼回想他聽過的十萬起離婚案例：「毀滅婚姻的保證
書，通常不是那些嚴重的爭執、甚至肢體暴力，而是有
一千種不同方式的不斷打擊和破壞。」同樣的原則也適
用於其他關係——親子、主管部屬、朋友、同事；除非
用自我維護的方式解決，看似微小的刺激也可能引發嚴
重的問題。

如果每當你想要外出時，經常找不到車鑰匙；如果
你在隔壁房間關起門來讀書，仍被電視吵到沒辦法專
心；如果屋裡到處都是家人吃完點心的髒碗盤和保鮮
盒，而你是最後要收拾的人——如果這些事情發生在你
身上，你很可能覺得自己的空間被侵犯了。不幸的是，
很多人可能都會告訴自己：「這實在沒什麼大不了的，
我不該被這些事情困擾。」甚至會說：「我不想自找麻
煩面對這些事。」

我們輔導過數千人的自我維護訓練，讓我們做成這
個結論：**反覆發生的惱人小事，往往會成長茁壯，直到
長成我們感覺世界裡的龐然大物。**當我們老是在日常生
活裡滿足不了需求，我們的怨恨就會蓄積成水庫，降低
我們接受他人的程度、損害人際關係的樂趣，也更難在
重大問題出現時加以解決。

人們也會在想得到另一半、朋友或孩子的「愛」，
或是主管或部屬的「尊重」時，不當進行自我維護。我
們可能會對一些行為感到氣憤，覺得如果對方真的愛我
們、尊重我們，就不會那樣做。我們甚至可能嘗試透過

自我維護來改變那些行為，但如果我們真正想要的是愛或尊重的保證，我們仍會不開心；我們會這麼推理：「要是他（們）真的愛我，我就不必透過自我維護來改變那些行為了。」如果我們其實是想一再得到被愛和被尊重的保證，在這種情況下進行改變行為的自我維護，多半徒勞無功。

第六，要確定你自我維護的對象是對的。人們經常找錯人發洩。若工作遭遇挫折，很多人回到家中可能變得比較咄咄逼人。或者你的自我維護其實該針對上司，卻去找部屬對質。有人會找代罪羔羊——替眾人背鍋的那個人。你一定記得某些老師不公平地專挑某個同學責罵。找錯人自我維護解決不了你的問題，還可能給你增加人際難題——你和受你不公平對待的那個人，通常還有團體裡的其他人。

② 揭露情感

三段式維護訊息的第二部分是：要傳達維護者對他人行為的感受。比如有對夫妻借了幾千美元給一個親戚應急。他們存這筆錢，是為了支付他們夢想車子的頭期款；該車款將在一個月後上市，而親戚答應會在他們需要使用那筆錢之前償還。當親戚一次又一次沒有在講好的期限還錢，夫妻倆去跟他面對面：「你沒有在你答應的期限還錢，**我們覺得很生氣。**」如此真誠的情緒揭露，凸顯了這件事情對傳送訊息的人有多重要。在你開始傳送諸如此類的維護訊息時，你會發現你的真情流

露，會大大提高對方改變行為的意願來滿足你的需求。

自我維護訓練的濫觴，通常可溯至安德魯・薩爾特（Andrew Salter）的創新心理治療法，以及他影響深遠的著作《制約反射療法》（*Conditioned Reflex Therapy*）。[7]薩爾特最大的貢獻之一就是強調：情感要直接表達。

薩爾特比一長串自我維護訓練師，更早發現大部分受訓學員都難以釐清自己的情緒。就算知道自己作何感受，也不知道怎麼表達出來。

人在表達情感方面常遇到三個問題。一、可能會用另一種情緒代替真正的情緒。例如，假設有個孩子大叫一聲嚇到爸媽，爸媽可能會做出非常生氣的回應，而完全不提及恐懼，但其實是害怕的感覺引發憤怒。用另一種情緒代替真正的情緒，會使自我維護事倍功半。幸好，多數人可以透過自問這個問題來修正缺失：「當我感受到他人行為造成的負面效應，第一個冒出來的感覺是什麼？」通常，第一個冒出來的感覺，就是主要的感覺——該放進自我維護訊息裡的感覺。

還有一個方法，可以幫助你聚焦於主要的感覺：辨識自己情感替代的模式。比方說，你經常在感覺受傷或悲傷時發火，下一次當你發現自己勃然大怒，不妨檢查看看在憤怒背後，你是否覺得受到某種傷害。或者，你動輒以哭泣代替表達怒氣，下一次你一覺得淚水湧上來，不妨開始搜尋憤怒的跡象或成因。

人們也會覺得很難精確指出自己感覺的程度。我們常聽人說：「我很生氣」，其實只是不大高興而已，或是

說：「你惹到我了！」，其實已經火冒三丈了。

維護者可以從幾個不同強度的詞語中挑選最符合感覺的，以便更精確地表達情緒。例如，不妨試試「緊張」、「擔心」、「害怕」、「嚇呆」等詞彙形容。若能審慎挑選詞語，讓一個詞就能傳達感覺，那又更好了。不過有時候，添加修飾用的形容詞也有幫助。一個人可能覺得「稍微有點擔心」，更嚴重的焦慮則可用「非常擔心」表達。

在自我維護的訊息裡，真誠的揭露感覺是唯一適切的情緒表達方式。人有時會裝出更強烈的情緒，以為那更有說服力，我認為那是一種操弄，會有反效果。會回應真誠情緒的人，通常不相信誇大的情緒，對於那樣的訊息也傾向不予理會。太保守地表達我們的感覺同樣會有問題，那使他人無法獲得能促使他們改變行為的重要資訊，所以自我維護會流失大部分的力量與影響。

人們在試著用言語表達感覺，並嵌入自我維護訊息的時候，還會碰到一個麻煩：他們可能選擇有評斷意味的詞語。那樣的詞語會變成在玷汙對方的人格，而非揭露維護者的感覺。若有人說出這樣的自我維護訊息：「當你在我們小小的辦公室裡大聲講電話，我覺得**受虐**，因為我沒辦法專心工作。」換個感覺用語，就能夠改善這個訊息：「當你在我們小小的辦公室裡大聲講電話，我覺得**煩躁**，因為我沒辦法專心工作。」

常有人問：「我要怎麼跟我的感覺取得聯繫？」有三種方法證明會有幫助。一、試著傾聽你的情緒，不要

扭曲或審查。若你感受到很多情緒，深呼吸，想想你的內在感受：「我現在覺得……，因為……。」

第二種提高情緒敏感度的方法，就是密切注意身體狀況。如果你覺得頭痛或肌肉緊繃，你的情緒可能正試著透過他們的首要傳播管道大聲說話：你的身體。當我開始傾聽身體的時候，我會對我的身體告訴我的事情感到訝異，也驚訝它竟然時時都在告知我，我的內在感覺世界是什麼情況。有時候我不喜歡我聽到的，因此一連好幾個星期忽略訊號。但是，我的身體會繼續傳送訊息，而只要我做好接收的準備，都能重新連上我豐富的情緒生活。不幸的是，如果我們太久忽略身體的訊息，就會失去聆聽它們的能力了。

第三種增進情緒意識的方法是：表達你確實感受到的感覺。你可以默默在心底承認、跟別人討論，或是透過大笑、哭泣或對自己咆哮（也許在車內）表達出來。我們愈常表達我們的感覺，就會愈敏銳地察覺到情緒。

③ 確切說明對維護者的實際影響

三段式自我維護訊息能夠奏效，主要是因為它描述了對方的行為如何影響我們和我們的個人空間。這部分訊息的成效，取決於對方是否相信他們的行為真的對我們構成負面影響。「具體」或「實際」的影響似乎最能夠說服人，[8] 這樣的影響包括不必要地讓我們損失金錢、損害我們的財物、浪費我們的時間、製造額外工作、干擾我們的工作效益等等。自我維護訊息若能舉出這類具

體、實際的影響，並且清楚傳達，通常就能說服對方改變行為來滿足我們的需求。

下列是一些實際影響的例子，摘自我們研討會學員所做的自我維護訊息：

	行為描述	揭露感覺	實際影響
損失金錢	你用我的車卻沒有把油加滿……	我覺得受到不公平對待……	因為我得花更多錢加油。
損害財物	你借我的工具去用，卻留在外面淋雨……	我覺得很不開心……	因為工具會生鏽變得難用。
浪費時間	你常常很晚才來接我下班……	我覺得很沮喪……	因為我的時間都在等待中浪費了。
干擾工作效益	你在我上班時間打電話給我，滔滔不絕……	我覺得很緊張……	因為這樣我就沒辦法在時限內完成工作了。
製造額外工作	你不把髒衣服放進髒衣籃……	我覺得火大……	因為那讓我在洗衣服的時候，多了額外的工作。

人們在建構這部分的自我維護訊息時，一般會遇到四個難題。**一、他們認為物質方面的後果，比起其他行為微不足道。**一位家長告訴我：「當然，我很氣工具被留在外面淋雨。但真正惹怒我的是，我兒子有90％的

時間對我很不客氣。」一如許多參加自我維護訓練的學員，這位家長不想費心進行看似無關緊要或次要的自我維護。儘管有實際影響的情境看來不如主要涉及價值觀議題的情境重要，但我們發現，舉出有形效應的自我維護訊息，也會影響一段關係的無形領域。「不要把工具留在外面」正是一種「兒子比較客氣地對待爸媽」的行為。此外，當這位家長的需求因為兒子對自我維護訊息有所回應而開始得到滿足，他累積的怨恨通常會逐漸減少，進一步強化兩人的關係。

　　試圖傳送自我維護訊息時，會碰到的**第二個難題是：人們時常發現自己有很多強烈的感覺，卻沒有具體的影響。**另一位家長告訴他的青少年孩子：「你在我們上高檔餐廳的時候穿牛仔褲，讓我覺得討厭和惱火。」這種訊息通常是傳送者企圖把自己的價值觀加諸對方身上，這其實侵犯了對方的空間。一個人若試著改變對方涉及價值觀議題的行為，最後往往會變成在侵略對方，而非自我維護了。[9]

　　我們課程一個相當普遍的親子議題是：家長常對孩子整理房間的方式感到憤怒和挫折。很多爸媽重視乾淨、整齊、衣服和其他東西各就各位，井井有條。反觀很多孩子對這些價值觀的重視程度遠不如其他，例如：擁有活躍的社交生活、和朋友出去、從事戶外運動等等。這個核心問題有助於釐清這些價值觀議題：「孩子的臥房，是誰的空間？」

　　在我們家，我們跟孩子說好，他們的房間是他們的

空間，想怎麼管理就怎麼管理。但是，在全家人都會使用的公共區域——客廳、餐廳、廚房——就要符合我們對整潔、不凌亂和美學的價值觀了。

第三個難題是：被影響到的是別人，而非維護者本人，「是你被影響的」這點很重要。不要代替第三方傳送自我維護的訊息，讓那個人自己說吧。要是惹是生非的人並未侵占你的空間，你就沒辦法傳送有效的三段式自我維護訊息了。

最後，人們舉出的影響，有時不是真正的原因。理查和賈姬是新婚燕爾。每週五下班後，賈姬都會和工作上的朋友出去歡聚好幾個鐘頭。理查不喜歡這種行為，於是傳送了這個訊息：「每週五晚上妳出去玩的時候，我都覺得很沮喪，因為我得一個人吃晚餐。」理查後來告訴我：「那個影響其實不正確，我不是因為得一個人吃飯而沮喪。以前我們還在約會時，週五晚上是我們的約會時光，而現在我們很少出去了。因此，我的訊息沒有切中要點。」

我們把焦點擺在有實際影響的自我維護，是因為實際影響很重要，而好多人企圖繞過不理。有些自我維護會掉入邊界的範疇，有些人說影響很實際，其他人不信。不過，多數人相信在這樣的情境中，自我維護針對的對象會接受對方生活受到的影響。下列是幾個屬於邊界範疇的行為和影響：

行為描述	揭露感覺	影響
你跟我訂好計畫，卻在最後一刻取消……	我覺得很委屈……	因為已經來不及跟我其他朋友約了。
你在我看電視的時候，製造大聲的噪音……	我覺得很不開心……	因為這樣我就沒辦法專心看節目了。
我請你安排七月最後兩週的假期，你沒有給我答覆……	我覺得洩氣……	因為這樣我就沒辦法好好計畫我的暑假了。

自我發現和成長之旅

　　有件事令我們教學同仁和學生一樣著迷：建構自我維護的訊息與自我發現密不可分。在發掘和溝通我們的界限之際，我們也更深入認識自己。

　　其中最大的洞見，或許正是在我們試著用言語表達他人行為對我們人生造成的具體影響時形成。**在我們學會監控自身空間的同時，我們也會愈來愈敏銳地察覺和接納他人的身心空間。**有人這麼說：「學習建構自我維護訊息，讓我更能夠『做自己』。在此同時，我也讓其他人更能做自己。」

　　伴隨建構自我維護訊息的自我發現之旅，既令人興奮又富有成效，但可能也很困難。精確描述行為很難，聚焦在一個人的情緒很難；讓自己承受壓力、向他人表達感覺而展現脆弱，更是難上加難。發現我們希望別人

改變的一些行為，其實對我們沒有實際影響，反而可能是侵犯他人領域的事實，也令人受挫。

所幸，只要從頭到尾建構完三段式自我維護訊息，就相當可能改變他人不必要的行為。同樣重要的是，**若雙方都能出於真誠地自我維護，兩人的關係會更加穩固、更接近平等、更為充實**。訓練自己運用這種方式自我維護的學員，幾乎都覺得這段自我發現和成長之旅值得付出心力。

本章摘要

幾乎每一種生物，都會運用各式各樣的戰略來捍衛自己的空間。這些戰略可以分成兩大基本類別：戰或逃，只有人類有第三種選項：用言語提出自我維護的主張。化解衝突最有效的一種方法，就是傳達三段式自我維護訊息：非指責的行為描述、揭露感覺、確切說明對方行為對我們人生的實際影響。久而久之，隨著我們更善於自我維護，我們也會在過程中更了解自己、明白自己重視什麼，以及哪些可以構成正當的防衛理由。

第 10 章

面對防衛的溝通六步驟

對話的危機發生在雙方……並未真正面對
彼此，反倒出於防衛撇開頭去，為了自圓
其說而回到自己世界的時候。[1]

——魯爾‧豪威，教育工作者

奇襲

請想像這個情景：某人的行為對你的人生造成實質危害，你沒有用這種情況常見的激動言詞予以回應，而是運用你在前一章學會的技巧，傳達了自我維護的訊息。你沒有冷嘲熱諷，沒有貶低、責怪或誇大。因為你在私底下建構這段訊息時，已經宣洩了若干負面情緒，也因為你深信對方最後一定會滿足你的需求。你在陳述主張時，語氣不尖銳，也沒有附帶敵對的身體語言。雖然你竭盡所能，以尊重的態度對待對方，對方還是出言攻擊你。

對剛入門的維護者來說，這種回應完全出乎意料；他們認為這種反應宛如奇襲。但這就人類行為而言是稀鬆平常的事，**人通常會對自我維護的主張起自衛反應。**

人有防衛傾向

自衛是每個人生命中的一大要素。[2]這是一種在我們覺得受到攻擊時，從心理上保護自己的方式。收到維護訊息的人，一開始會把那視為攻擊。因此，**在你陳述你的訊息時，你可以、也應該預期對方會築起防衛。**

我們會用這個用詞來描述自我維護主張和它引發的可預期防禦反應：「推－回推現象」（push-push back phenomenon）。基本上，每一句自我維護的訊息，都會被感受為用力的一「推」──就算自我維護只是企圖請對方離開維護者的地盤，這種對抗也會被感受成

「推」。要回應那一推，難免會被「推回去」。

不管我們把自我維護的訊息表達得多好，人們也很少樂於接受。得知你對別人的人生有負面影響，不是件舒心的事，這就是為什麼就連最好的維護訊息，也會觸發接收者的防衛反應。我們這樣提醒學生：「在你傳送自我維護的訊息時，請預期會有防衛反應。」

防衛變本加厲

社會心理學家傑克・吉布博士（Dr. Jack Gibb）花了八年的時間，仔細聆聽多種不同場合的對話錄音來研究防衛。他發現，一個人的防衛，往往會觸發互動另一方的防衛。[3] 隨著對話進行，防衛可能變本加厲，使得雙方的侵略性愈來愈強。

這種惡性循環，在一方向另一方提出維護主張時非常明顯。接收者聽進去的往往是扭曲過的維護訊息，回應自然就充滿敵意。這種回應又會觸發維護者的防衛心，遂回以激烈的話語。反控來反控去的惡性循環於焉形成。

不久前，我聽說有一次自我維護演變成防衛的惡性循環，愈演愈烈。那次對話像這樣：

JJ： 你把我的工具留在外面，我覺得很生氣，因為那樣會生鏽。

亨利： 如果你把你開了頭的事情做完，我就不會用你該死的工具了。

> JJ：　你又不是不知道我本週沒有時間做任何維修。我每天晚上都把工作帶回家做。
>
> 亨利：　（語帶挖苦）你前幾個週末好像有時間打高爾夫，沒時間處理房子的事？
>
> JJ：　呵，我至少不像你只會看高爾夫球賽轉播！完完全全浪費生命！

這還只是第一回合。了解後續發展後，JJ告訴我：「那次吵架的衝擊持續了很久，事情急遽惡化，我們都忘了一切是從工具開始的。假如我當時就具備現在了解的知識，事情或許就不會那麼失控了。」

六步驟維護過程

光靠三段式訊息，恐怕不足以得到你想要的成果。面對他人可預期的防衛反應，你需要做好準備，並開啟這個六步驟的維護過程：1.）做好準備；2.）傳送維護訊息；3.）沉默；4.）針對防衛回應進行反映式傾聽；5.）視需要重複步驟2到步驟4；6.）著眼於解決之道。

① 做好準備

你在傳送維護訊息前所做的準備，可能決定維護的成敗。第一步驟：做好準備，就是先建構好要傳送的維護訊息，這可以發揮兩個重要的功能。首先，事先擬好訊息有助於發洩一些被你壓抑的感覺。第二個好處則是，若你先擬好訊息，你會有信心那措辭合宜、簡單扼要，不是在指責對方，因此能讓你的需求獲得滿足。自

我維護的初學者若即興演出，通常設想不出那麼有效的訊息。

準備工作有一部分是**檢驗訊息是否合宜**。首先，我問自己：我有沒有**避免侵犯**對方的空間？如果訊息產生具體、實際的效應，就可以相當確定自己並未侵害別人的領域。接下來，我問自己維護的是不是**反覆發生的重要事項**？[4]人人難免偶爾不小心誤入別人的地盤。如果這發生不只一次，維護就屬恰當。如果我的維護訊息通過這兩項檢驗，就很可能改變對方的行為，並強化彼此的關係。

很多時候，自我維護主張的準備工作，也包含**互動的排練**。如果可以，不妨請人扮演對方的角色，給你防衛的回應。向你的排練夥伴示範一些防衛的例子，請他不要「誇大不實」，而是隨著對話進行給予自然的回應。重點在於：你要記得交替運用自我維護和反映式傾聽。

跟對方約好時間進行你的自我維護對話也很重要。如果雙方沒有事先同意起碼聊個十分鐘到半小時，對方便可能半途做個防衛回應中斷談話，說現在有其他事要忙。這可能讓事情雪上加霜，也更難在未來繼續討論。

慎選地點：判斷自我維護該發生在對方覺得自在的地方、你覺得舒服的地方，或是中立地帶。第一次提出維護主張時，在你的地盤進行可能對你有幫助。之後，如果你確定不會受到干擾，或許可以選擇在對方的地盤或中立地帶進行。

時機很重要。特別是在家裡，盡量避免在家人累了、餓了或趕時間的時候進行。

②傳送維護訊息

擬好訊息、約好時間、雙方到現場見了面之後，就可以傳送訊息了。訊息的傳送方式會左右自我維護的成敗。

我不會從閒聊開啟互動，我會很快切入正題。我是認真的，不想一副滿不在乎地溝通。我可能會給我的維護訊息像下列這樣的開場白：

> 我：　謝謝妳今天撥出時間來見我。（停頓一下，如果對方想說點什麼，就讓她說。）
>
> 丹妮絲：　今天很忙呢。怎麼了？
>
> 我：　我想解決一件讓我備受困擾的事。妳……的時候，我覺得……，因為……。

相較於單刀直入，從閒聊開始往往會讓我顯得沒那麼認真。要是我先聊丹妮絲的兒子在少棒賽拿到勝投的事，她可能就不會那麼認真看待我的自我維護，或是沒辦法那麼快進入狀況。

維護主張的傳送方式跟訊息的措辭一樣重要。傳送得宜的維護訊息，身體語言多半會助言語一臂之力。傳送維護主張時，你的身體語言要確切表明你是認真的，你一點也不矛盾，以及你希望你的需求獲得滿足。

身體語言可能把同一句話轉變成屈從、侵略或維護的行為。例如，麥蔻拉要和男友以安來場晚餐約會。麥蔻拉約晚上7點到以安家接他，她7點25分才到。她沒有先打電話或傳訊息說自己會遲到，人到了門前也沒有多做解釋。使用一模一樣的言語訊息，以安的身體語言

可能會讓他的回應顯出屈從、侵略或自我維護。

以安的言語訊息	以安的身體語言
我們……呃……約7點，而妳……呃……7點25分才到。我覺得……嗯……壓力很大，我們可能會被取消訂位。	語氣溫和，吞吞吐吐。一直「呃……」、「嗯……」。沒有看著麥蔻拉的眼睛。垂頭喪氣。手插在口袋裡。站在離她1.5公尺遠。

　　採用如此卑微的身體語言，以安說的話不大可能被認真看待而使得他的需求獲得滿足。

　　假如以安要咄咄逼人地滿足他的需求，他可以採取截然不同的身體語言來傳達同樣的訊息：

以安的言語訊息	以安的身體語言
我們約7點，而妳－7－點－2－5－分－才－到，我覺得壓力很大，我們可能會被取消訂位！	音量大、語速快。強調「妳」這個字，宛如指控般用力說出口。他強調麥蔻拉抵達的時間，每個字都故意拉長。他站在離麥蔻拉60公分處，傾身向前瞪著她。

　　顯然，這種身體語言不會培養合作精神。

　　要是以安的目的在自我維護，他可以運用像這樣的身體語言：

以安的言語訊息	以安的身體語言
我們約7點，而妳7點25分才到，我覺得壓力很大，我們可能會被取消訂位。	以安的聲音平靜但嚴肅。他和麥蔻拉保持大約1公尺的距離，雙腳站得直挺挺、牢牢地踩在地上。他的眼睛堅定地看著麥蔻拉，但不帶敵意。

在你有效傳送維護訊息時，你的身體語言和你的言語會趨於一致，相輔相成。

讓我們檢視一些自我維護的身體語言要素，也請記得，身體有不便的人需要視情況調整這些準則。

姿態：正視他人。直挺挺地站著或坐著，身體稍微傾向對方，保持近而適當的距離。頭要抬起來。兩腳穩穩地踩在地上（就算你是坐著的）。保持開放的姿勢，手臂和兩腿不要交叉。

目光接觸：自我維護時，要直視對方的眼睛，這有助於傳達「你說的是認真的」的事實。你的目標不是用侵略性的眼神震懾對方。認真、穩定地注視他人的眼睛，偶爾移開視線放鬆一下，這樣有助於傳達你強烈的意志，而不至於顯露出侵略性。

臉部表情：你的臉部表情要切合你的訊息。很多人在告訴對方自己因為對方所做的某件事情感到生氣時，通常會面帶微笑，甚至緊張地大笑，這會造成「雙重訊息」。微笑或大笑——或兩者都有，會損害言語訊息的效力。不過，很多人並未意識到他們會在這種情況中微笑。因此，在鏡子前面練習，或是從角色扮演的排練中

獲取回饋，都有助於你明白自己是否露出不當的微笑，或是其他有損自我維護效果的表情。

姿勢：有些人在自我維護時靜止不動、宛如雕像，如此僵硬的肢體會妨礙自我維護。適當的姿勢能凸顯訊息的重要性，不過也有些姿勢會削弱自我維護的效力。太顯眼的姿勢或過度使用任何種類的姿勢，都可能讓人分心而忽略訊息。捶打桌子或伸出食指指著對方，都可能平添防衛心。聳肩、說話時摀住嘴巴、坐立不安、把玩手表或珠寶，重心挪來挪去、來回踱步和其他類似的舉動，都會大大減損自我維護的效力。

聲音：輕聲細語、如誦經般單調的聲音，很少能夠有效傳達你想要改變的行為有多重要。羅伯特・艾伯提（Robert Alberti）和麥可・艾蒙斯（Michael Emmons）這兩位自我維護訓練界的先驅寫道：

> 聲音是我們最寶貴的溝通資源……你的音調真的強調了你想強調的事嗎？……你的音量呢？你平常講話輕到其他人幾乎聽不見嗎？你可以在你想要的時候大聲叫喊嗎？或者，你平常對話的音量，老是大到別人以為你在生氣？如果你在培養自我維護的技巧，控制你的聲音，就能駕馭其中一項強有力的要素。[5]

我幾乎都會用平靜但堅定的聲音來展開自我維護。常有人問我怎能如此平靜？有兩個原因。首先，我在建構自我維護主張的時候，就已經發洩了很多情緒，釋放了很多感覺。再者，我的自我維護多半奏效，因此我預期他人會設法滿足我的需求。你愈常練習，就會變得愈

平靜。

要促成有效的自我維護,「吸飽氣」比多數人了解的重要。當你的肺裡沒什麼空氣,胸廓會下陷,你就顯得沒那麼堅定了。另外,肺部空氣不足,也可能導致焦慮激增,而焦慮會阻斷你的自我維護效力。要造就有效的自我維護嚮往的聲音品質,讓胸腔充飽空氣是必要的。人一旦變得焦慮——多數人在自我維護時很容易如此——就會不自覺地在某種程度上屏住呼吸。很多人只要學會把兩腳穩穩地踩在地上、避免低頭垂肩(這會使得呼吸更加困難)、在陳述維護主張前讓肺部充飽空氣,自我維護的身體語言就會大大提升。他們不僅會看起來沒那麼焦慮、更有自信,自己也會覺得沒那麼焦慮、更有自信。

③沉默

在搭配適當的身體語言傳送簡短的維護訊息後——暫停一下,保持安靜。你的沉默允許對方思索你說的話,或說出他們心中的想法。對方的第一個反應通常是防衛。有時他們會提出藉口;有時他們會發動攻擊;有時他們會退縮。請預期防衛反應,人們不防衛才比較奇怪。沉默讓被質疑的人得以表達防衛,通常需要先宣洩防衛,他們才能真正聆聽和回應你的需求。

④針對防衛回應進行反映式傾聽

在送出維護訊息,也提供沉默之後,你針對的那個

人十之八九會起防衛反應。在這個節骨眼，很多人會立刻重申或解釋自己的主張，或是變得具有侵略性，別那麼做。**換個檔、針對可預期的防衛反應進行反映式傾聽相當重要。**如下頁圖表10.1所示，這種在自我維護和傾聽之間的擺盪，通常要來回好幾遍，自我維護才能真正告捷。

在這個時候進行反映式傾聽，可以完成下列四件事情中的一件，甚至更多。首先，它有助於降低對方的防衛，因為我們以尊重來反映接收者的防衛，他們的防衛會逐漸平息。防衛的惡性循環會被打破，讓有建設性的對話重新開始。

有效的傾聽回應，確實具有大幅削弱防衛的力量。對很多人來說，眼見才能為憑，印刷的文字可能說服不了你，你必須親自試驗這些技巧。

第二，有些時候，我們從傾聽當中獲得的資訊，會修正我們繼續進行自我維護的需求。比方說，我兒子持青少年駕照，必須在晚上九點以前把車開回家。一天，因為高中籃球隊練球，他九點半才到家，於是我質問他。他告訴我，法令是說拿青少年駕照的學生不得在九點以後開車，但是從學校活動返家例外。既然只要合法，他九點半到家我無所謂，自然就沒有理由再堅持下去了。

在提出維護主張後，傾聽對方回應的第三個價值是：有時，你會發現某個強烈的需求和你的需求互相矛盾，你可能會轉向與對方合作來解決問題。一位經理在

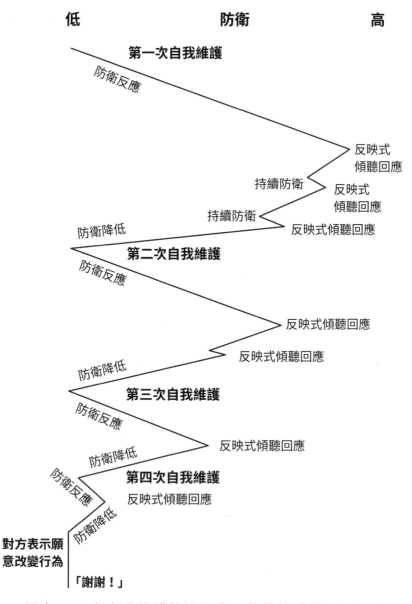

人際技巧 People Skills

圖表10.1 在自我維護的過程中，隨著維護者在自我維護與反映式傾聽回應之間不停換檔，防衛也時增時減。（改自湯瑪斯・戈登博士一張類似的圖表。）

向她的IT支援同仁傳送下列這句自我維護時，就碰到這樣的事情：「你沒有按時更新我們的軟體，我覺得很討厭。因為我得重新安排團隊的進度，還得告訴客戶我們無法如期完成。」聽了這位IT顧問的回應後，經理發現因為公司改組，這位顧問現在得支援的團隊數量是原本的兩倍。於是經理明白，在這個案例中，合作解決問題（第14章將會討論相關技巧）比自我維護來得恰當。

最後，在你向某人進行自我維護時，你可能會接收到許多關於那個人如何看待你和你們的關係的資訊。由於那些話是出於防衛立場，表達出來的情緒可能遠比對方的實際感受來得極端。儘管如此，仍是十分重要、彌足珍貴而不容忽視的線索。若非你傳送了那樣的自我維護訊息，這些資訊或許就不會說出口。如果你懂得反省、而非辯駁，你會警覺到許多可能改善關係的方式。不過，在自我維護期間，除了運用反映式傾聽，不要對這些議題做出回應。在維護結束後，或許另外找一天，你們兩個也許希望檢視一些在一時激動下脫口而出的議題。

☑ 處理帶敵意的回應

就連最精美的自我維護訊息，也可能被認定是充滿敵意的一拳。多數人不會真的聽你維護些什麼，「而會在取得資訊的那一刻，馬上搜尋反擊之道。」[6]他們的反擊包含意在逼你「採取守勢並造成傷害」的話語。他們通常不會處理你要維護的主題，而會精心挑選一個有辦法使你遭受重創，且對他們風險相對低的議題。[7]

麥克近來銷售成績不佳，銷售經理裘恩找上他。麥克起了敵意，而裘恩對他的防衛反應進行反映式傾聽。

裘恩： 你這個月的績效比前幾個月低15％，我覺得不開心，因為那降低了我們團隊的產能，也讓我少領很多薪水。

麥克： 妳的薪水！其他人說得對，妳只在乎自己。

裘恩： 你認為我是因為自己受到衝擊，才對這件事大做文章？

麥克： 那還用說！在我達標時，順帶一提，我一直都有做到該做的業績，我就從沒聽過妳講過半句話。但是，當我一個月不順利時，妳就小題大作！

裘恩： 你很生氣，因為只有在你的績效未達標準時，我才會找你說話。

麥克： 就是這樣。而且不只是我，妳缺乏領導力的事實，也對團隊其他人構成問題。

裘恩： 從你的角度來看，我領導團隊的能力真的是一大問題。

麥克： 是該有人告訴妳了。

裘恩： 麥克，我們可以再找時間討論你剛剛提出的關於我的管理績效的議題。今天，我是要找你談你的表現。你這個月的績效比前幾個月低15％，我覺得不開心，因為那降低了我們單位的產能，也讓我少領很多薪水。

讓我們檢視一下裘恩在這場互動裡的回應。

首先，她反映了麥克的內容和感覺，尤其強調他的感覺。她連續做了三次反映——「三」這個數字沒什麼

魔法。有時在重提維護之前，一次反映便已足夠，有時則要來個五、六回合，才能把對方的防衛降到夠低，讓你得以再試著傳達一次維護訊息。

第二，裘恩不允許自己偏離軌道，轉而討論她的管理表現。她知道替自己辯護只會轉移話題，導致她要維護的需求無法如願。她堅定不移地拒絕捲入麥克發起的主題，將互動限制在自我維護的訊息和反映式傾聽的回應。

第三，她尊重麥克。她並未使用評斷的字眼，就算麥克對她人身攻擊。她的語氣不卑不亢，不挖苦。她的姿勢和表情堅定暗示她是認真的，但絕非侵略性。雖然心裡難受，裘恩仍努力理解麥克的參照標準。

最後，裘恩重新提出自我維護，重複說了和開場白一模一樣的話。她明白麥克和其他多數人一樣，並沒有把她一開始的維護訊息聽進去。他可能**聽到**了那些話，但並未**真正傾聽**她在意什麼，所以她做好準備再傳送一遍。裘恩在計畫這次自我維護的時候，已經料到麥克一開始會給她難堪。她也明白自己很可能不小心讓一些評斷的話語溜進她的維護訊息，所以她把那段訊息背起來，訓練自己把一模一樣的訊息再說一遍。

又經過了幾個回合，麥克終於提出滿足裘恩需求的解決方案。她謝過他，提議兩人一星期後再碰一次面，看看麥克的方案是否如他倆預期的一般奏效。當兩人再次碰面時，麥克的工作績效創下全年新高。

有些人聽聞這場互動，說裘恩「不該放任麥克說了那些話而不予追究。」裘恩倒是很高興。她提出自我維

護、需求獲得滿足，也改善了和相當難搞的同事的工作關係，對她來說，這些都是巨大的勝利。

☑ 處理問題

除了展露敵意，人們對於自我維護的訊息還有其他多種反應。[8]有些人會提出問題來自我防禦，而這可能會以一種非對質的方式，使得維護脫離軌道。畢竟，若你一直回答問題，你就不會繼續自我維護，對方也不會針對問題行為提出解決方案。我遵循這個一般性原則（偶爾破例）：自我維護期間不要回答任何問題，改用反映式傾聽回應；每個問題都可以轉化為直述句回給對方，例如：

> 孩子：你小時候每天都要洗碗嗎？
> 父母：你懷疑我以前沒有做到我現在期望你做到的標準。

自我維護的情境很少需要進一步的資訊。若給予更多資訊是恰當的，給的時候該不帶評斷、具體明確、簡單扼要。然後沉默一會兒，讓對方接手對話的下一步。

☑ 迴避辯論

有些人會用**辯論**來回應自我維護，仰賴這種防守策略的人常靠頭腦敏捷、口齒伶俐來贏得爭論，就算論點站不住腳。他們給人非常客觀、努力理解透澈的印象，實際上只是不肯採取行動來停止侵犯你的空間。辯論得分出輸贏：對方贏，就是你輸；你贏，就是對方輸。無論誰輸誰贏，自我維護通常都會脫離軌道，使你的需求

無法獲得滿足，彼此的關係也會受損，因為沒有人喜歡輸。透過拒絕參與辯論、運用反映式傾聽回應，你既可滿足你的需求，或許還可以同時強化關係。

☑ 處理眼淚

對一些人而言，眼淚是他們面對維護時的首要因應機制。哭泣常是一種避免對抗、閃避行為改變的方法，而且非常有效。如果我提出自我維護的對象，是平常一被質疑就哭的人，我發誓不會讓他們的眼淚降伏我。我相信那些眼淚是真的，對方是真的很難過，我會反映他們因為被質疑（或無法按時完工或其他種種議題）而難過的事實，然後溫柔但堅定地再維護一遍。如果那個人變得太心煩意亂，我會提議當天或隔天再找時間繼續對話，而在約定的時間，我會重新提出主張。除非對方在這段期間陷入不尋常的情緒壓力，在第二次自我維護時，我會堅持到問題解決為止。

☑ 克服退縮

有些人會用退縮來回應自我維護——就像烏龜覺得受到威脅時會把頭縮進殼裡。這樣的人可能在你提出維護主張後一語不發地坐著。有時他的身體語言帶有敵意，有時則一臉沮喪。更多時候，他們會面無表情，讓你無從解讀他們的感覺。不適當的沉默，傳達出那個人正感覺窘迫而起了防衛。在這樣的情境下，我會容許雙方沉默良久，而後反映我認為對方的身體語言說了什麼，再重新提出維護的主張。如果對方繼續沉默，我會

說：「我把你的沉默視為你不想談論這個話題，而你會滿足我的需求，在我們講好的時間把車開回家。我下週日會再找你聊聊，看一切是否順利。」在許多諸如此類的情境中，**重點是要了解這類自我維護的目標是要讓對方改變行為，他們開不開心並不重要。**

前述這些是一些最普遍的表現防衛的方式，以及應付它們的方法。當然，還有許多其他表現防衛的方法；幸運的是，**處理防衛反應的一般策略始終如一，就是運用反映式傾聽（尤其針對感覺），再維護一遍。**

⑤ 視需要重複步驟2到步驟4

在你傳送了自我維護的訊息、保持沉默給對方思考或回應的時間，也針對可預期的防衛反應進行反映式傾聽後，便做好重新開啟過程的準備了。因為對方在防衛，他們或許沒辦法從你的角度理解情境，這時你可以把一模一樣的訊息再傳送一遍，沉默一會兒，然後再反映預期的防衛反應。很多情況會需要多次反覆這個過程，對方才會真正理解你的需求，並且提出滿足的辦法。

有效的自我維護，取決於維護和反映的節奏。在這兩種不同角色間不斷變換，是我們教過最吃重的人際技巧。提出自我維護的主張後，很多人會忘記傾聽。當對方做出防衛反應，維護者常以牙還牙、反脣相譏，戰鬥便接踵而至。就算兩人原本意在維護，互動卻變得具侵略性。也有人卡在傾聽的角色，忘了重新提出維護。他們最後也許能夠安撫對方，自己的需求卻持續未獲滿

足。他們的互動變得屈從，就算原本打算自我維護。

艾倫·法蘭克（Allan Frank）寫道：「成熟的標記之一是情緒與理性控制系統之間的關係平衡，也就是容許有情緒性的回應，但不允許那些壓倒理性。」[9]自我維護的過程，讓一個人得以保持理性控制系統和真情流露之間的成熟平衡。這套方法允許相當程度的情緒表達，同時為雙方和彼此的關係提供保護。

你不可能每次都完美執行自我維護的過程。你會忘記傾聽，你會蹩腳地陳述訊息，也有可能忘記在反映的時候專注於感覺。堅持是自我維護奏效的一大關鍵，請堅持下去。除非你犯了太多錯，你的自我維護應該會收到效果。

偶爾，對方會答應立刻滿足你的需求——沒有防衛反應，只有即時方案，這時受過訓練預期會有防衛反應的人，往往會不知道該怎麼辦。其實只要反映解決方案，表達謝意就可以了。

⑥ 著眼於解決之道

自我維護的訊息之所以能夠奏效，原因之一是它不會把對方逼到牆角，對方不必對提出的方案表示贊同或反對，也可以思索符合自身需求的事情，得以保有自尊。提出解決方案時——哪怕在那之前發生過激烈的脣槍舌戰——我們都會覺得更舒坦。和解的過程讓人際關係更加深化。

當對方提出解決方案時，請確認那能否滿足你的需

求。保持彈性，願意接受各種可能滿足你的需求的選項是件重要的事。如果對方的提案並未滿足你的需求，清楚說出來也很重要。在拒絕對方的提案後，多給一點安靜的時間。在那段時間，對方可能提出另一項對策，也可能再次築起防衛，若是如此，請繼續反映，直到對方提出滿足你的需求的方案為止。

別堅持對方一定要對滿足你的需求的事情感到愉悅。自我維護只能要求一件事：對方的行為改變。你不能指望態度丕變，雖然這也很可能發生。不論對方抱怨連連或面露微笑，你都可以感到開心，畢竟你已經用了巧妙且尊重人的方法來維護你的需求了。

把解決方案換個說法回給對方；如此一來，你就可以確定雙方理解的是一樣的事。這樣的換句話說，也可以加深解決方案在對方心裡的印象。

記得說「謝謝」。你剛走完的過程是如此艱辛，你很容易會忘了基本的禮貌。

約個時間和彼此確認方案有效。有時，以最大的善意提出的對策未必行得通，這時就需要新的規劃。偶爾，自我維護的接收者會提出自己無意執行的方案，這是一種狡猾的防衛反應，目的是把你給打發走。若你約定時間檢視方案的成效，對方就會明白你是認真的，敷衍戰術對你無效。

本章摘要

不論你在什麼時候傳送自我維護的訊息，對方都可

能給你防衛的反應。防衛會觸動防衛，結果便是引發防衛的惡性循環，導致侵略或疏離。有一種自我維護程序是透過有建設性地回應意料中的防衛，讓自我維護者得以滿足需求，這需要遵循下列六個步驟：

1. 做好準備；
2. 傳送維護訊息；
3. 沉默；
4. 針對防衛回應進行反映式傾聽；
5. 視需要重複步驟2到步驟4；
6. 著眼於解決之道。

第 11 章

強化自我維護的技巧

自我維護的教育過程可和學習外語相提並論。你要先掌握單字、片語、基本規則。突然間，你可以用孩子的詞彙溝通了。你繼續學習，使用得愈來愈流利。一旦熟悉新的技能，對於這種儼然成為第二語言的事物，就可以自由發揮更多創造力了。[1]

——精神治療師赫伯特・芬斯特海姆＆
作家珍・貝爾（Jean Baer）

自我維護行為的諸多變種

如第8章所述，自我維護主要有兩種方式：保護你的空間，以及預先積極對你的個人空間以外的世界造成影響。前面幾章著眼於一種保護個人空間的方法：三段式自我維護法。一旦熟悉那種方法的原則與實務，要學習這一章介紹的其他自我維護方式，就比較容易了。

我也會把下面分享的做法稱為「方法」（methods），但它們其實沒有那麼正式。這些「方法」能夠發展，一開始多半是有人觀察到某種行為實現了理想的人際成果，久而久之，一再得到印證，這些行為便成為準則。而在有人教導這些準則之後，它們就成為更多人可以運用的方法了。

保護自己空間的其他方式

若你需要與他人正面交鋒來保護你的界限，使用三段式自我維護法是恰當的。但俗話說得好，如果你只有榔頭，那在你眼中什麼都像釘子。在和他人劃清界線時，下列方法也派得上用場——視情況而定。

關係的維護

有時候，若對方的行為會對你們倆的關係造成負面衝擊，你需要針對那種行為提出自我維護。在這些情況，不妨運用我們所謂的「關係維護訊息」。一如三段式維護訊息，要精確描述對方的**行為**，也要揭露自己的

感覺。

這兩類訊息的主要差別在於：關係維護訊息裡**沒有具體或實際的影響**。那通常也包含影響，但不是實際的影響，例如：不會損害你的財產或金錢。年輕女性貝琪和丈夫的關係大致健康幸福，但對兩人互動的一個層面感到不安：每當她提出兩人關係裡令她不悅的面向，丈夫很少深入討論，反而會用說笑來轉移話題。因為這對貝琪沒有具體影響，她也找不到理由使用一般的三段式自我維護訊息。她認為不妨運用關係維護法來告訴他自己的感覺。她先建構好訊息，以便在下一次他試圖轉移話題、不肯深入討論時派上用場。幾週後，當他故技重施時，她說：

> 當我想討論對我來說非常重要的事情時，你卻用說笑來轉移話題，我覺得很生氣，因為那會讓我無法討論和滿足我的需求。

在傳送這種訊息之後，需要使用反映式傾聽，接著重新提出維護主張，再運用更多傾聽。

因為沒有實際影響，對方會比有具體和實際影響的時候，更不可能滿足你的需求。人們因此經常備受挫折。他們會說：「假如我的伴侶真的愛我，他們就會改變那些讓我心煩的行為，不管是否有具體或實際的影響。對我來說，最重要的是那些無形的事物。」雖然很多人都同意這個觀點，但是從我對人類互動的觀察顯示，一般人比較願意在行為對他人生命造成實質負面衝

擊時改變行為，勝過影響較不明確時。你可能不喜歡這種傾向，但明白這是一種普遍、可預期的人類反應，是有幫助的。

在多次重新維護、穿插反映式傾聽之後，對方可能願意、也可能不願意主動滿足我的需求。如果對方並未滿足我的需求，我可能會像這樣說：「你能夠理解我想說的事，以及我對那件事情的**感受**，對我來說非常重要。請容我再說一遍，並且請你重複我說的話和我的感覺給我聽。只要確定我傳達得正確，我們就可以起碼暫時放下這個話題，這樣好嗎？」然後，我會把維護關係的訊息再說一遍。若對方證明理解我的憂慮，我會說「謝謝。我就是那個意思，那就是我的感覺。」你或許不會得到你企求的改變，但你可以確定自己的感覺被聽到了、被理解了。

下列是兩個維護關係訊息的例子：

12歲的孩子對爸媽說：「你們計畫全家度假時沒有找我一起，我覺得很生氣，因為我對家裡的事沒有發言權。」

配偶對另一半說：「我做了什麼事情惹到你，你就好幾個鐘頭不跟我說話，我覺得很沮喪，因為這樣我們就沒辦法解決我們的衝突與不合了。」

很多人以為自己在傳送維護關係的訊息，實際上是侵犯了對方的空間。維護關係與把本身價值觀強加在對方身上，只有一線之隔。

儘管有時試著影響他人的價值觀是適當的，但我認為試圖把本身價值觀強加於他人身上，絕非恰當之舉——就算是對自己的孩子也一樣。[2]這就是侵犯他人的空間，在我眼中，這也是一種精神侵略的行為。因此，我不會在有關孩子在校成績、交友、政治活動（或不參與政治活動）、穿著正不正式之類的事情使用維護關係訊息。在這些場合，若我想要討論我孩子、配偶或朋友的價值觀，我會仰賴第13章介紹的自我揭露或衝突解決法。每當有人想要把自己的價值觀強加於他人，那多半不是會損害關係，就是會損害對方的自我——或者兩者皆是。

提出滿足你的需求的選項

　　想要終止別人討厭的行為時，人們多半會喊「馬上停止！」之類的話。而你沒有提供選項，對方就沒有辦法保住顏面，會覺得被逼到牆角，因此比你提供替代方案時，更可能做出侵略的行徑。[3]

　　維護者不應指揮或命令對方去做什麼，倒是可以提供一些選擇，邀請對方挑選喜歡的。維護者或許只想得出兩三種，且未必能夠獲得對方青睞，但提供選項——就算只是有限的選項——就是允許對方做決定和掌控自己的人生。提供替代方案，也有助於預防不必要的侵略——那在一個人覺得走投無路時特別容易發生。

　　下例是一名教師如何運用選項來管理亂成一團的班級。一小群學生原本合作進行一項專案，卻變得吵吵嚷

嚷，還妨礙別人。也許有的老師會喊「安靜！」或「給我分開！各做各的。」但是，這位老師說明了規範，給予他們一個替代方案：「教室需要保持安靜，讓其他人可以做事。你們可以一起做，小聲講話，不然就分開來各做各的。你們喜歡哪一種？」

自然發生的合理結果

著名兒童心理學家魯道夫・德瑞克斯（Rudolf Dreikurs）提倡一種不使用懲罰、不過分講理、不使用獎勵的方法，來幫助孩子培養自律。他強烈反對懲罰（記得嗎？那正是十二道溝通路障之一。）尼采（Nietzsche）想法相近，用一句話總結反對懲罰的理由：「懲罰會使人堅強和麻木，會敏銳疏遠的意識、強化抵抗的力量。」[4]

很多時候，人們會想跟調皮搗蛋的小孩**講道理**。德瑞克斯指出，邏輯（另一道溝通路障）通常徒勞無功，因為光憑邏輯不足以鼓勵孩子改變行為。讀到這句話的爸媽，一定在自己孩子的身上見證過這種現象：我們說的話，他們左耳進、右耳出。

根據德瑞克斯的說法，**獎勵**不會比懲罰更有效。獎勵會損害責任感，以及自由參與、自主貢獻帶來的滿足感。當重點變成「我可以得到什麼好處？」時，令人滿意的獎勵很快就會用完了。德瑞克斯寫道：「給行為良好的孩子獎勵，這種做法的前景和懲罰一樣不利……。透過獎勵爭取合作有欠允當，這其實是拒絕給孩子對生活的基本滿意。」[5]

據德瑞克斯觀察，言語、獎勵和懲罰通常效力不足，而這種現象既適用於成人跟孩子的交流，也適用於成人與成人的關係。如果講道理在這些情境無效，如果獎勵和懲罰也沒用，那我們還能怎麼做？運用自然發生的合理結果，通常是有建設性的選項。

自然發生的結果是基於事件的正常流動，也就是無外力干預會發生的事，代表「現實的壓力」。這種方法是以「無作為」為基礎——就讓對方嘗嘗那種行為的後果，不要試圖緩和衝擊。

凱西和一些同事實行共乘，讓通勤比較愉快、也省點錢。第一個月後，當同事來接凱西時，她常延遲五分鐘以上，令其他人感到不悅，也害他們遲到（取決於交通狀況）。同事跟凱西談過好幾次，毫無效用。最後，他們告訴她，只會等她兩分鐘，如果她還不出現，他們就會把車開走了。

凱西當然聽懂他們的話，但是當他們真的說到做到那天，她還是嚇到了。覺得生氣又疲倦，她想不起來把自己的車鑰匙放在哪裡。等到真正出門通勤時，她剛好碰上尖峰時間，結果整整遲到了四十分鐘，被主管刮了一頓。

有些人覺得凱西的朋友太嚴厲且不公平，事實並非如此。凱西事先就明白後果了。在向她提出自我維護時，朋友的語氣和身體語言，都表現出就事論事的樣子。他們只是讓事情自然發生，這就是促使一個人培養和學習責任感的最佳途徑之一。

下列三條準則，能夠幫助你有效運用這種「自然結果法」：

1. 自問：「要是我不插手，會發生什麼事？」了解會有哪些自然發生的結果，任那些事情自然發生。

2. 若情況適當，可以套用這個句型：「當／如果你……（描述行為），就會……（描述後果）。」如有必要，你也可以說明一下基本理由。在前述這個共乘的例子中，凱西的同事可以告訴她：「如果我們到妳家後，妳遲到兩分鐘以上，我們就會把車子開走不等妳了，以免我們上班遲到。」

3. 運用這種方法的一大關鍵是：你的情緒要抽離議題。如果自然發生的結果伴隨著強烈情緒，那可能感覺和懲罰無異。要是凱西的朋友事後對她說：「別怪我們。我們已經告訴妳我們不會等妳，而妳**還是**讓我們等！是妳自己的錯！」這個自然發生的結果感覺就像懲罰——事實上也已經變成懲罰了。

人們常指望在應用「自然結果法」幾天後，奇蹟就會自動出現。記得這點很重要：**對方的行為可能是花好幾年才形成的，傳送這種訊息的適切目標不是頃刻發生的奇蹟，而是重要的自主行為改變。**

說「不！」

如果我**答應**要寫這本書，我就得跟其他想要我的時間的人說「**不**」。如果我對獨處說了「**好**」，就必須硬下

心腸跟我的摯愛，以及其他可能對我的人生提出要求的人說「**不**」。

「不」這個字是如此重要，說不出口的人卻是那麼多，使得暢銷書排行榜一度同時出現兩本助人說「不」這個簡單的字的著作。⁶我們身邊大都圍繞著會對我們提出許多請求和要求的人，如果你在想說這個簡單的字時沒說出來，就失去對人生的掌控權了。然而，對很多人來說，這卻是最難當面說出口的一個字。

難以說「不」的人，很少思考這個訊息可以如何傳達。說「不」的方式不勝枚舉，以下簡單舉其中幾例。

☑ **先反映式傾聽，再說「不」。**我一個朋友常用這招，她會先反映請求的內容和感覺，然後說出她的「不」：「你真的很希望我跟你一起參加帆船比賽。很抱歉，這個週末我不行。」

☑ **說明理由的「不」。**說「不」，並提供**簡單扼要的理由**。理由發自真心，不是藉口。例如，當艾德邀瑪莉打網球時，瑪莉說：「不了，謝謝你。我不喜歡在風大的時候打球。」

☑ **改期的「不」。**對這次的請求說「不」，但暗示對方下次可以再問。湯姆想去買他的第一部競賽自行車，經驗老道的車手瑞秋告訴他，如果他願意，她可以幫他挑選。一個週六上午，正當瑞秋開始照計畫進行庭院勞動，湯姆打電話來說：「妳答應要帶我去挑自行車的。時候到了！要不要去？」瑞秋回答：「今天對我來說時機不好，但是下週六我可以！」

☑ **跳針**。這種說「不」的方式，是使用一句話的堅定拒絕聲明。不論對方說什麼，都像音樂跳針一樣重複播放。運用這種技巧來應付「不接受對方說『不』」的人很有幫助，使用技巧如下：

1. 挑一個簡單扼要、只用一個句子表示拒絕的陳述。不管對方說什麼或做什麼，都只用那句話。

2. 在對方每一次敘述完畢後，都用不露感情的聲音說你的跳針句，不要被對方轉移話題或回應對方提出的問題。

3. 堅持到底。你陳述跳針拒絕的次數，就是必須比對方請求的次數多一次。如果他們說六次，你就得說七次跳針聲明。如果他們說三遍，你就得跳針四遍。在前一兩次互動，對方可能會因為訴求無效而顯得受挫。一旦他們明白你的立場有多堅定，最後就會尊重你的「不」了。

內人朵特說到最近一次和她的髮型設計師的對話。朵特很喜歡那位髮型師的個性，常容許髮型師——套用她的話：「哄我去弄她認為看起來最好看的髮型，就算我原本想弄不一樣的。」成果很少令朵特滿意。最後，她用了跳針法，過程像這樣：

髮型師：　這次我們要幫妳挑染嗎？

朵特：　不用，我想保留正常的髮色。我真的不想挑染。稍微修一下就好。

髮型師：　如果幫妳挑染，妳的臉就會看起來柔和

許多。

朵特： 我真的不想挑染。

髮型師： 我敢說大家都會喜歡的，勝過妳原本樸素的深褐色頭髮。

朵特： 我真的不想挑染。

髮型師： 我剛去過紐約的髮型展，買了一些新的挑染產品回來，相信妳會喜歡。

朵特： 我真的不想挑染。

髮型師： 就沿著妳臉的輪廓染一圈就好，怎麼樣？

朵特： 我真的不想挑染。

髮型師： 妳確定只要我剪就好，不要挑染？

朵特： 我真的不想挑染。

髮型師： 好吧。那我剪就好，這次就不挑染了。

經過六個來回，朵特終於得到她想要的剪髮，而且能和她在其他方面非常喜歡的髮型師維繫良好關係。

☑ **直截了當的「不」**。在這種說「不」的聲明中，說話的人選擇不要反映、不給理由，也不改期。你有權利不說明拒絕的原因或回答任何問題，雖然如果你說了，對方會比較好過。直截了當的「不」雖然不客氣，卻通常是比合理的解釋或冗長的辯護更恰當的回應。這很少是最好的第一選項，但你有在適當時機給出這種回應的自由。

不論你使用哪一種「不」，成效主要都取決於你的決心。我們很多人都可以忍受他人的行為，但一旦越

過某條線，我們就無法再容忍下去了，強納森・魏斯（Jonathan Weiss）稱此為「門都沒有。」[7] **我們需要傳達那條線在哪裡，只要傳達得夠清楚、展現強烈的決心，對方十之八九會尊重你的空間的。**

撤退

有時，暫時或永久撤退，是一段關係中最合適的做法。

一暫時撤退

朵特和我剛結婚時，我倆在一連好幾個場合都面臨極端壓力，疲憊不堪。我上完訓練課程，精疲力盡地回家，一如以往仰賴朵特給我溫暖和支持。偏偏在我最需要她關愛的時候，她也因為工作和家庭責任累壞了，什麼也給不出來。她不僅沒辦法灌注她的能量來呵護我，她也迫切需要我的愛和情感的滋潤，但我也給不出來。當我倆都無法達成彼此的需求，我們就開始生彼此的氣、吵起架來。我們心力耗盡，因此就算我們知道怎麼有建設性地吵架，也吵不出來。就這樣，對我們才開始不久的婚姻深感焦慮，我們尋求治療師的協助。

治療師教我們，在我倆都提不起勁的時候，不妨先避開彼此。避開彼此的方式有很多，我們常常待在彼此身邊、共處一室，但各做各的事。這不是帶有敵意的那種迴避，只是承認、並且用言語明白表示，在我們能以正向的方式重修舊好之前，都需要一些有創造力的獨處空間。慢慢地，正如諮商師所言，我們的情感水庫再次

注滿。

此後，暫時撤退的藝術，就成了我們生命中的重要部分。有時，我們會厭離人群。現在，我們會試著事先預期，在變得完全精疲力竭**之前**，安排好策略性的撤退。當我在疲憊不堪之前退出人群、也退出需索，我的獨處時光便更加充實，與他人的相處時光也更為豐富。

一 永久撤退

有時將人際關係分成五大類是有幫助的：

1. **非常滋養的關係**。這些關係對我的人生貢獻卓著。

2. **略有滋養的關係**。對我發展和享受人生有些幫助。

3. **沒有營養的關係**。這些人際交往不好不壞，小劑量無礙。

4. **略有危害的關係**。會輕微損害我的自我，或減損我享受人生的程度。

5. **危害甚巨的關係**。這些是要求嚴苛、充滿敵意或令人心煩的關係，對我的生命有害。

人人都經歷過許多有害的關係，可能是和鄰居、點頭之交、同事、孩子、父母。說來悲傷，但我們不是不常見到一對夫妻老是互相傷害，而非互相滋養。

對於長期危害一方甚或雙方的關係，可以做些什麼呢？我的第一步是判定這段關係對我是否重要。如果不重要，我就立刻且永遠退出那段關係。有太多好關係值得我投入時間心力。如果我有良好的替代方案，就不會

故意選擇住在會毒害身心的環境，那麼我為什麼要在有其他選項時，拿不好的人際關係來荼毒自己呢？

如果那段關係很重要，我會努力運用自我調整和維護的技巧來提升我們之間的互動。我在改善某一段關係時，這成了一段漫長而有時痛苦的過程——不過，主要是「成長痛」、而非有毒的痛苦。在這樣的例子中，努力是值得的，這些人際關係已經變得滋潤而令人滿足。在另一段關係中，我和對方掙扎多年，試著改善這段對彼此來說都很重要的關係。儘管我們都擁有相當不錯的溝通技巧，我們的努力卻功虧一簣。

若我未能順利改善一段重要但有害的關係，我會選擇終止。**毅然決然退出有害的關係，或許是多數人生命裡的明智之舉**。如果我缺少改善或終止有害關係的勇氣，我所有的關係、還有我的自我，都會一點一滴耗損。

預先維護你的影響力的方式

很多人認為，自我維護只能用來針對阻撓我們需求或限制我們權利的人或團體，並非如此！真正的維護者，會不受拘束且有建設性地表達自己。儘管我們有無限多種方法可以預先影響這個世界，但在溝通方面，我們可以走的途徑不出這三條：自我揭露、描述式肯定（descriptive recognition）和跨光譜回應（spectrum response）。

自我揭露

心理學家西德尼・喬拉德（Sidney Jourard）寫道：

人人時時刻刻都在面臨這樣的選擇：我們要讓同儕認識我們真正的樣子，或者我們要繼續成謎，希望被看成不是我們的人？

　　這個選擇永遠都在，但綜觀歷史，我們已選擇將真實的自我隱藏於面具之後……。

　　我們在他人面前掩飾真實的自我，來保護我們不被批評或拒絕。這樣的保護要付出嚴峻的代價。當我們生命裡的其他人不是真的認識我們，我們就會遭受誤解。當我們遭受誤解，特別是遭受家人和朋友誤解，我們便加入了「寂寞的群眾」。更糟的是，若我們成功藏起自己、不被他人看到，我們也可能失去和真實自我的聯繫了。8

　自我揭露代表在他人面前的你，就是你真正的自我。這是智識的誠實加情感的誠實——拒絕在他人面前遮掩內在的自己——以及更多。這基本上是「情感的言談」——更精確地說，是透過言語和身體語言直接表達感覺。**我表露的，就是我的感覺。**

　這種人與人間情感的直來直往既少見且困難。心理治療師羅洛・梅（Rollo May）寫道：「最需要勇氣的行動……是開誠布公的溝通。」9維護者的目標不在「過度分享」，而是適當的真誠。自我揭露在這些時候最棒：

- **對象適合**：通常是有同理心的人。
- **程度適當**：你可以決定揭露全部或部分個人經驗。
- **理由恰當**：你的目標是揭露自己，而非加重別人的負擔，或炫耀。
- **時機正確**：對方有時間、有心力傾聽你的時候。
- **地點適合**：在能促成這類溝通的地點。

雖然有一小部分的人可能過分透明，但我們大多數的人是在心與口之間有太多阻礙。所以我們往往會聊聊天氣、聊聊學校或工作順不順利，真正重要的事情——我們對彼此的感覺——卻隻字不提。

描述式肯定

描述式肯定是一種讓對方了解你重視**對方特定行為**的方式，這種感謝方式會對對方產生正面衝擊，也可以改善關係。

當人們想用言語表達支持時，多半會採取下列三種方式。1.）**奉承**是說出並非發自內心的話。那不真誠。大部分的人都會懷疑滿口恭維而動機不明的人。

2.）**評價式讚美**是表達你對他人或其行為的好評。「潔西卡，妳最棒了！」評價式讚美常使用最高級，像是「太棒了」、「了不起」、「好極了」。這一類的稱讚，特別是構成全球通用的溢美之詞時，很少具有真正的建設性——這就是第2章所描述的溝通路障之一。海姆・吉諾特用下面這番話，歸納避免評價式讚美的原因：

> 評價式讚美……造成焦慮、誘發依賴、喚起防衛，這對自立、自我導向和自我管控毫無幫助。這些特質需要擺脫外界的評斷，需要仰賴內在的動力和評價。[10]

3.）**描述式肯定**則具體、切合行為而誠懇。知名西班牙大提琴家帕烏・卡薩爾斯（Pablo Casals）生命中的一段插曲，凸顯了「評價式讚美」和「描述式肯定」之

間的差異。當年輕的大提琴手格雷戈爾・畢亞第高斯基（Gregor Piatigorsky）第一次遇到卡薩爾斯時，卡薩爾斯請他演奏一段。畢亞第高斯基很緊張，開始拉一首奏鳴曲，而他自認拉得糟透了——糟到他拉到一半自己停下來。「太棒了！好極了！」卡薩爾斯稱讚他。畢亞第高斯基說：「我覺得莫名其妙便離開了。我知道自己拉得有多爛。身為大師的他，為什麼要稱讚我，害我尷尬呢？」

多年後，當這兩位偉大的大提琴家再次聚首時，畢亞第高斯基告訴卡薩爾斯他對幾年前那次讚美的感覺。卡薩爾斯氣呼呼地衝向大提琴。「你聽！」他一邊說，一邊拉了貝多芬奏鳴曲的一個樂句。「你不是用了這種指法嗎？那對我很新奇……還有，你不是用上弓處理這一句嗎，像這樣？」大師奏完那首曲子，強調每一個他喜歡畢亞第高斯基處理的部分。談到那天晚上，年輕的大提琴家說：「我離開時的感覺，像是剛和一名偉大的藝術家暨好友共度良宵。」[11]

那兩天晚上，卡薩爾斯的**目標**是一樣的：表彰年輕音樂家的出色技巧。但是，他用的**方法**不一樣，**結果也**不一樣。第一次相遇，他用了評價式讚美。第二次碰面，卡薩爾斯則表示描述式肯定。畢亞第高斯基被那些描述他的演奏技巧的具體說明深深打動。

描述式肯定的要素和三段式自我維護訊息雷同。首先，兩者都要明確地描述對方的行為或行為的成果。對方正在做（或做了）哪些值得肯定的事呢？你的目標是精確形容他人的實際工作、行為或成就，而非著眼於個

性或品格。「你剛擦完的窗戶看起來亮晶晶的。」

也要告訴對方你如何**感受**或**重視**那些行為。別光把話說出來，也要用你的聲音表現。「你在你爺爺奶奶來訪前把房間整理好，真讓我鬆了一口氣。因為如果家裡不夠乾淨整齊，他們一定會大肆批評。」在描述式肯定的陳述裡，有些人一律用上**感激**或**感謝**。如有可能，不妨試試看其他表達感覺的詞語。

接下來，要是對方的行為對你的人生產生**正面的影響**，把它說出來，讓對方知道他的行動讓你發生了什麼好事。「你開車載孩子去看醫生，我真的鬆了一口氣，因為這樣我就可以利用那段時間準備明天的簡報了。」

請用一句話概括描述式肯定的所有要素。當你剛開始傳送兩段或三段式描述式肯定聲明時，套用「你……的時候，我覺得……，因為……」的句型，可能大有幫助。

> 「你答應和我合作這個案子時，我覺得高興得不得了，因為你的專業將是我們成功的真正資產。」
> 「在我生病期間，你每週都寄卡片給我，讓我覺得沒那麼孤單。」
> 「你星期天為我做了早餐，我覺得備受關愛。」

這個句型或許看來有點矯情，請儘管試驗你覺得自然的措辭。只要牢記這個句型的原則，你或許會更喜歡像這樣的描述式訊息：

> 「真開心你買那件夾克給我。」
> 「我喜歡你那篇報告的版面設計。」

「你到醫院來看我，我好感動。」

「我們團隊上個月的進步，讓我好不興奮。」

一說完你的描述式肯定訊息，請安靜一會兒，讓對方得以仔細想想你的話，以及如何回應。

若描述式肯定措辭得當，接收者可能馬上欣然接受訊息。不過，人們也可能貶低正向的回饋，說出像這樣的話：「這真的沒什麼」，或「我只是運氣好啦。」

要幫助對方接受描述式肯定的訊息，我們必須準備好傾聽他們貶抑的說辭、反映意義，然後再次述說訊息，讓對方終於能夠聽進去，且內化訊息的意義。

跨光譜回應

在你不完全同意對方的構想、觀念或行動計畫時，跨光譜回應是一種作出**誠實、非破壞性回應**的方式。喬治・普林斯（George Prince）和他希尼提克斯公司（Synectics）的同事指出，在會議裡，點子多半在充分發展或理解之前就被否決了。當這種事發生，構想的提議人可能會喪失自尊和信任，團隊的創造力也會大打折扣。很多經理人想知道該如何回應部屬看似不切實際的構想，而不至於傷他們的心，或令他們洩氣而不肯再提出其他點子。希尼提克斯設計了一個三步驟的程序，適用於家庭、學校、公司和志工組織。

第一個步驟是：聆聽和理解構想。這需要扎實的訓練，雖然大多數被提出的構想不是完美無瑕、也非一

無是處，但人們平常會說某個構想哪裡「出錯」，可能完全忽略它的優點。普林斯寫道：「先想到構想裡的瑕疵，似乎是普遍現象，所以不必極力對抗，只要別馬上把瑕疵說出來就好。暫時把你最好的部分——你的智識、你的感覺、你的直覺——聚焦在構想有價值的那個小部分……。透過暫時保留你對新點子的負面顧慮，你可以釋放一種常被忽視的能力，為新的想法貢獻、提升和增添創意。」[12]

有時我會想：「我在對方說的話裡面找不到**任何**好東西。」在這樣的例子中，「光譜法」建議我鼓勵他們多闡述一點想法，而我會仔細聆聽裡面的好東西。「我們相信一定有好東西，」普林斯說：「那之所以很難聽出來，是因為我們先察覺了瑕疵而受到干擾。在你技巧熟練了以後，你會發現每一個建議其實都是出自一番好意。你一定聽得出來、挑得出來，而且派得上用場。透過這樣的反應，你會促成一場有建設性的思辨討論，而非各唱各的調，招致防衛和僵持。」[13]

一旦你了解整條光譜——那個構想的所有利弊得失——就可以準備進行**第二步：和對方分享，你怎麼看待構想（或意圖）看似有價值的那個部分**。說說你怎麼喜歡它，以對方所言為基礎，增添一些你覺得可能讓提議好上加好的資料或想法。除了自己做些貢獻，也要讓對方明白，你這麼做的用意，不是為了打壓他或他的想法。

第三，在揭露你喜歡那個見解的哪些地方之後，表達你的顧慮。仔細選擇你的用語，讓你的陳述盡可能精

準，並且避免評斷的字眼和泛泛之論。另外，普林斯說，不要試著「證明負面的論點，而要努力協助對方找到對策。如果你做得到，也可以修正對方的瑕疵。」[14]

在述說正向的聲明和對構想的顧慮之後，提案人往往會貶低話中肯定的元素，就算那些好話是真誠地表達。為了抗衡這種傾向，我一個朋友會加上這段：「我真的很喜歡這個想法──至少絕大部分。我確實也有些顧慮。我想要跟你們分享我全部的想法。」

跨光譜反應的精神和方法，可以改變商業會議、教室課堂和家人互動的氣氛，也可以在團體和一對一互動中孕育更多創造力。雖然方法很容易懂，但我發現就我而言，那需要相當程度的訓練，才能夠在適當時機多多應用。

不拘形式的自我維護

我把沒有依循特定方法、亦不具侵略性的滿足需求的方式，稱為「不拘形式的自我維護」。這些維護方式在你和對方皆未受太多壓力，或你的自我維護不大可能觸發對方太多緊張時最為適當。

我傳送的維護訊息，大多是不拘形式的自我維護，例如：

> 「吉姆，因為我們星期天有聚會，如果你星期六能割一下草，我會很感激你。」
> 「我不喜歡你把運動服攔在前廊的欄杆上。」

「我需要每週五拿到存貨報告，才能做適當規劃。」

「可以幫個忙嗎？這個東西太重了，我一個人搬不動。」

「我不想要我的工作室變成倉庫。你什麼時候方便把你的東西拿走呢？……今天晚上可以嗎？太棒了。這樣我就可以有足夠空間做我的案子了。」

不拘形式的自我維護沒有套用什麼公式，都是自然抒發的話語，目的在讓對方明白我的需求和我的空間的界線。不過，仍然是要避免做出負面舉動——不要打壓，也不要設置溝通路障。

自我維護的氛圍

你可曾注意過，某位老師是怎麼便步走到全班面前、吸引眾人目光、未發一語就贏得尊重，另一位老師就算大聲咆哮，也沒有學生理睬？第一位老師散發著我們所謂的「自我維護的氛圍」，第二位老師則是缺乏。

自我維護的氛圍，主要是我們的身體語言營造的。隨著我們的自我維護愈加堅定，我們的身體語言就會散發愈強烈的氣息。**就算不是刻意為之，自我維護者仍會發出信號來劃定自己空間的界限、傳達健康的自尊感，讓人明白他們一定會捍衛自己的權利和尊嚴，同時也尊重他人的權利和尊嚴。**

一開始，自我維護可能需要持續不斷、有自覺的努力。久而久之，許多自我維護的工作，都可以毫不費勁地完成。

本章摘要

提升自我維護成效的方法有很多，本章介紹了好幾種方法。

- 其他有保護作用的自我維護法
  - 關係維護訊息
  - 提出滿足你的需求的選項
  - 自然發生的合理結果
  - 說「不！」
  - 撤退
- 預應式維護法
  - 自我揭露
  - 描述式肯定
  - 跨光譜回應
- 不拘形式的自我維護

時間一久，你的努力會營造出自我維護的氛圍，使你不必刻意使用各種維護法，就能讓許多需求得到滿足。

第四部

衝突管理技巧

在有限世人的世界裡，衝突無可避免地與創造力有關。沒有衝突，就不會有重大的個人變革或社會進展。另一方面，脫韁失控的衝突（例如現代戰爭），可能摧毀人原本想藉由衝突來保存的事物。於是，衝突管理變得至關重要。這包括接受、乃至鼓勵必要的衝突，同時又盡一切所能，將衝突維持在改變所需的最低限度、限縮在破壞力最小的形式，並且盡快、盡可能以有建設性的方式化解掉。[1]

——社會科學家
哈維・塞佛特（Harvey Seifert）＆
教牧諮商教授
霍華德・克林貝爾二世（Howard Clinebell Jr.）

第 12 章

預防及控管衝突：
衝突無可避免，有其益處

化解和控管是不一樣的衝突管理目標。當事人或第三方可能會試圖化解衝突，讓原有的差異或敵對感覺不復存在，也可能只是試圖控管衝突，讓衝突的負面效應減至最低，就算對立的偏好和敵意依舊存在。[1]

——理查・華頓（Richard Walton），
組織顧問

衝突無可避免

　　身而為人，就要經歷衝突。有一天晚上，內人朵特和我花了一整晚回想我們過去一兩年來平安度過的衝突。雖然我們的生活方式相當平靜祥和，我們仍然訝異我們在職場、家中和這個僅三千五百人口的小鎮，竟然遭遇過那麼多、那麼劇烈的衝突。

　　然後，我們想到整個社會和世界的衝突。新聞報導勞資、城鄉、種族、「捍衛生命權」＆「捍衛選擇權」（墮胎權兩陣營）、環保人士＆石油公司，以及其他對立人士之間的鬥爭。國際新聞也講述政變、侵略、綁架、暗殺、經濟制裁、軍事擴張、談判破裂……很多都對我們有直接或間接的影響。

　　雖然我常對人生和社會中有那麼多衝突感到驚訝，但最猝不及防的還是日常生活中的齟齬。我們很難完全擺脫自私、背叛、歪曲、氣憤和其他使關係緊張、甚至破壞關係的因素。誠如傳教士佛羅倫絲・奧桑（Florence Allshorn）所言：「我們可以愛一段時間，然後愛就瓦解了。」[2] 我們頂多只能寄望「在衝突的另一端，建立一種真正的和平。」[3]

衝突具破壞性，甚至毀滅性

　　我討厭衝突，我希望可以找到一種健康的方式避免衝突、甚至超越衝突，可惜的是沒有這種方法。

　　我厭惡衝突，因為在最好的情況下，衝突造成分

人際技巧 People Skills

裂，在最糟的情況下，衝突造成毀滅。一旦爆發，衝突很難控管，而且毀滅性的爭議容易擴張，也很容易失焦、脫離最初的議題，在事過境遷、眾人淡忘之後依舊產生影響。衝突時常升溫，直至消耗所有相關的人事物。

衝突的益處

　　儘管至少在情緒層次，我們大多明白衝突的危險勝過衝突帶來的可能性，但衝突確實不是沒有重要效益的。舉個例子，社會科學家已經發現，唯有坦然面對不合，愛才能長久。社會學家吉伯森・溫特（Gibson Winter）在《愛與衝突》（*Love and Conflict*）一書中寫道：「今天，多數家庭需要多一些誠實的衝突、少一點感覺壓抑……。衝突有明顯恰當的時機和場合。恣意表達敵對感覺，對大家都沒有好處。然而，有些時候，這些感覺仍須浮現……。沒有衝突，我們就找不到個人的親密……。愛與衝突是分不開的。」[4]

　　一些引人入勝的實驗，為這個論點提供了證據。在一系列知名的實驗中，威斯康辛大學的心理學家哈利・哈洛博士（Dr. Harry Harlow）飼養了好幾代的猴子，證明被不會打架的猴媽媽養大的猴子，不會從事性行為。[5]另一位知名研究人員康拉德・洛倫茲（Konrad Lorenz）發現，不壓抑自身侵略性的鳥獸，會變成「最堅定的朋友」。[6]而諸如心理學家艾瑞克・艾瑞克森（Erik Erikson）等人類關係學者也認為，無法建立親密關係的禍首是「沒有能力處理爭議和進行有用的戰鬥。」

之後，史丹利・庫柏史密斯（Stanley Coopersmith）的研究顯示，家中某些種類的糾紛對孩子有益。他發現，傾向公開表示異議和不認同的家庭，多半能夠養出擁有這種無價特質的孩子：較高的自尊。[7]

衝突還有一個好處是：可以防止停滯、激發興趣和好奇心、培養創造力。哲學家約翰・杜威（John Dewey）寫道：「若思想是牛，衝突就是虻。它促使我們觀察和記憶。它唆使發明。它使我們大為震驚，不想再像綿羊那樣被動，讓我們開始注意、開始策劃……。衝突是反映和獨創性的必要條件。」[8]

衝突也是組織更新的必要成分。哈佛商學院理查・華頓教授提到衝突可能對商業和其他組織帶來的衝擊：

> 適度的人際衝突，可能具有下列建設性的影響。首先，那可以提升社會制度所須、實行任務的動機和活力。其次，拜觀點更多元、必要感提升之賜，衝突或可增進個人和系統的創新力。第三，人人都可以更深入理解自己的立場，因為衝突會逼人清楚表達自身觀點，並提出所有支持的論據。第四，每一方都可能更深刻察覺自己的身分認同。第五，人際衝突可以是管理參與者內心衝突的方式。[9]

因此，這一章和接下來的兩章將探討如何管理衝突，盡量降低風險和擴大效益。

從不利生產到富有成效的衝突

在1954年進行的一項知名實驗中，數名11到12歲的

男童參加一場為期兩週的夏令營，活動內容看似和一般的夏令營差不多。家長同意、但男童不知道的是，他們的行為受到行為科學家密切觀察。

實驗分成三階段進行。第一階段為時一星期，是設計來培養兩個群體各自的一體感。兩群男孩分別搭乘同一輛巴士抵達營地，除了分別同住一棟木屋，兩群男孩也分別從事多種需要通力合作的活動。他們一起炊飯、一起改善游泳的地方、一起在外面露營等等。結果，兩個團體都培養出歸屬感——一股凝聚力。

在實驗的第二階段，主辦單位營造了一連串的競爭情境，讓一群人只能透過擊敗另一群人來達成目標，藉此製造兩個團體之間的衝突。此外，還舉辦一系列的競技賽事，唯有勝方才能獲得獎賞。在雙方進行棒球、觸式橄欖球、拔河等比賽的時候，運動家精神逐漸消蝕，敵意開始攀升。在夏令營的第二階段，辱罵、威脅、打架和襲擊對方小屋等情事陸續發生。

第三階段，研究人員發展了減少兩派衝突的策略，前幾次的努力並未成功。兩群男孩被一起帶去看電影、在餐廳用餐、放煙火等等，但這些經驗不但沒有減少衝突，反而提供更多機會給敵對團體彼此謾罵、互相攻擊。

當兩群男孩努力達成不合作就無法達成的更高目標，衝突終於獲得解決。營地的用水是來自一兩公里外的貯水池，用水管輸送。行為科學家安排讓水系統故障，於是兩群人不得不合作找出和修正問題。在另一個情境中，雙方集資觀看一部熱門電影。營地卡車一度在

營地外面拋錨，兩個團體得合力拉動。當然，學童們都不知道這些情況是研究人員故意製造出來的。

雖然雙方的敵意沒有立刻消失，但衝突確實漸漸減少，慢慢促成更多跨團體的合作及互動。兩群男孩開始一起計畫活動，也開始有人交到另一個團體的朋友。最後，兩群男孩要求搭同一輛巴士回家，而非像他們抵達時那樣各搭各的。[10]

這項實驗是由穆扎弗・謝里夫（Muzafer Sherif）和奧克拉荷馬大學的同事設計，之後羅伯特・布雷克（Robert Blake）和珍・莫頓（Jane Mouton）進行多項實驗，從不同產業組織找來成年人，組成一百五十多個近乎雷同的群體。這些以成年人為對象的實驗證明，某些狀況會激發不必要且不利生產的衝突，其他狀況則多半能緩和或避免衝突。[11]

主動減少和控管衝突

雖然不可能完全杜絕衝突，藉由本身各種預防衝突和控管衝突的方法，仍可避免不必要的爭端。

一個減少衝突的方法是少用一點溝通路障，特別是跟你互動的其他人有強烈需求時。命令（支配）、威脅、評斷、謾罵和其他溝通路障，都是會助長衝突的互動。

在他人有強烈需求或問題時進行反映式傾聽，可能創造奇蹟。這有助於驅散負面情緒，或許也有助於對方解決若置之不理則很可能演變成重大衝突的問題。

自我維護的技巧，讓我們能夠劃定界限，將與他人

的緊張減至最低。情緒堆積往往會引發衝突，在需求出現時進行自我維護，我們就能避免情緒堆積。預防性的自我維護訊息，可以主動避免潛在的問題，例如：「我今天要寫這本書的一章，如果你在家裡能夠安靜一點，我會很感激。」自我維護和傾聽技巧，都有助於清除衝突的兩大來源：錯誤和缺少資訊。

察覺哪些行為可能開啟你和他人之間不必要的衝突，可能有助於根絕許多對抗。某些字眼、表情或動作，很可能會招惹到某些人，進而產生衝突。這些觸發行為通常跟現有的關係沒什麼瓜葛，可能根植於過往的經驗。

觀察力敏銳的人，會尋找可能暗示衝突正在醞釀的跡象和模式。這些人際關係中的早期警訊，可以提供時間和洞見，讓我們採取有效的預防措施。

「傾倒自己緊張的水桶，而不注滿對方的水桶」，是另一個預防和控管衝突的方法。在正常的人生過程，緊張會逐漸累積，而釋放緊張的方式很可能製造他人的緊張。如果我咒罵你、對你咆哮，我釋放了我的緊張，但可能同時增加你的緊張。然而，我可以在房裡一個人大叫，或對答應聽我發洩情感的中立第三方滔滔不絕。運動、去外面散散步、聽聽大聲（或撫慰）的音樂，也是排遣緊張而不增添別人壓力的辦法。我愈來愈相信，這種緩和衝突的方法真的很重要。

得到親友的情感支持，也可以降低我們製造不必要衝突的傾向。我們都知道怎麼在人際環境中激發更多關

愛和溫暖；一般來說，我們獲得愈多愛、愈多關懷，就愈不需要吵架。

提高對他人的容忍度和接受度，也能減少毫無效益的衝突。某種程度上，我們容忍和接納的程度是養育過程決定的，但我們每個人的肚量都可以比現在更大。更精湛的自我維護、在生命中得到更多情感支持，以及接受溝通技巧的訓練，都是提高容忍度和接受度的方法。

議題管控是另一個管理衝突的重要方式。羅傑‧費雪（Roger Fisher）在《國際衝突與行為科學》（*International Conflict and Behavioral Sciences*）一書中指出，要營造世界和平，「議題管控」可能和「武力管控」一樣重要。[12]而這個準則在抑制人與人之間的衝突上，和管理國與國之間的爭端上一樣彌足珍貴。議題管控包括下列幾項要素：

- 通常先建立處理爭議的程序，不要立刻處理實際議題比較好。
- 通常一次處理一個議題比較好。
- 通常把議題分解成較小的單位，不要一次處理含有諸多層面的巨大問題比較好。
- 通常從你相信最容易解決到令所有當事人滿意的議題著手比較好。
- 最後，請一定要認真處理基本議題。喬治‧巴哈（George Bach）寫道，若爭執不斷，就該有人想到去把唱針從損壞的唱片上移開，要求：「真正的問題請站出來好嗎？」
- 在釐清爭議的時候，通常不要讓雙方的原則針鋒相

對比較好。如果可能，請用非關意識形態的詞語界定爭議，並且設法讓你的需求和對方的需求都能獲得滿足。若涉及價值觀議題，這麼說是明智的：「我們尋求的解決方案，不僅要符合我們的原則，也要與對手的原則一致——如果理解正確、應用恰當的話。堅持對手可以不必放棄原則，我們會更容易邀他們與我們同行。」[13]

如果他人在衝突期間難以表達自己的感覺或意見，不妨邀請他們聊聊自己的信念和感覺，並且保證不會妄加批評。衝突期間，我們大多想說最後那句結論——以及做結論前大部分的話！因此，用「我想知道你怎麼看待那件事」之類的話語，鼓勵對方坦誠以對並不見得容易。當對方針對緊張的議題分享不同的見解時，很多人動不動就嚴詞反駁、鎮壓對方，甚至指責他們。光是邀請對方開誠布公是不夠的，你必須有自覺地管理自己可能惱羞成怒的回應。

最後，**仔細評估一場衝突的全部後果和代價，也許會斷了你參與衝突的念頭**。要估計一場衝突的代價並不容易，因為情緒互動不可預測且經常失控。然而，一名戰士如果沒有試著評估捲入不必要的爭執會有什麼後果，就是沒有做足準備。

減少和控管組織與團體裡的衝突

某些種類的社會安排，會在組織與團體裡醞釀毫無效益的衝突，其他程序和結構則能將衝突減至最低。接下來，讓我們看看家庭、團體、公司和其他實體，可以

運用哪些方法杜絕不正常的失和萌芽生長。

一個組織（或一段關係）的結構，與它會產生多少衝突有關。例如，社會學家尤金·里特瓦（Eugene Litwak）主張，中央集權的官僚組織發生衝突的可能性，大於權力較為分散的組織。[14]組織心理學家倫西斯·李克特（Rensis Likert）進行的廣泛研究，讓他得以將組織置於從「相當死板」到「相當有彈性」不等的量表上。根據他的研究，比起量表另一端的組織，較死板的機構較缺乏有效的溝通，也較不擅長有建設性地管理衝突。[15]

領導人的性格和方法也很重要。防衛心較弱[16]和願意提供支援[17]的經理人，多半會採用有建設性的衝突化解方法，影響處理衝突的方式。

一個團體的氣氛，也會影響衝突生成的頻率。雖然有些競爭可能是健康的，但研究證據顯示，太多輸／贏競爭會醞釀出不必要的衝突，並且減損有效解決爭端的能力。反過來說，眾人合力達成不合作就無法完成的目標，則會促進更真誠的和諧。[18]

構思完整、陳述清楚、理解並支持參與者的政策和程序，可以有系統地緩解不必要的混亂和衝突。不妨想想，假如我們沒有道路法規，公路上會有多少意外和爭執！

組織和團體必須建立處理申訴的機制。經濟學家肯尼思·博爾丁（Kenneth Boulding）指出，組織型團體衝突協商的最重要因素不是確立共識，而是設立處理申訴和主張權利的程序。根據他的說法，若勞資雙方僅著眼

於取得某項議題的協議，是不會有什麼根本進步的。相反地，若雙方著眼於建立解決爭端的程序，就會有長足的進步。[19]

任何關係或組織，難免會遇到不必要的衝突，而衝突管理的訓練對於預防和化解衝突實有必要。我個人認為，訓練專案應包含指導衝突管理的技能，包括傾聽、自我維護與合作解決問題的技巧。理想上，除了這些訓練，組織還要投入更多心力「善用」衝突。預防衝突的共識和化解衝突之道、適當的溝通管道、處理申訴的機制——這些和其他方法，加上有效的訓練，只是全面性衝突管理計畫的其中幾個環節。

本章摘要

衝突——人類生命不可避免的成分——好則具破壞力，壞則摧毀一切；不過，有些類型的衝突，確實有重要的效益。相當程度上，只要運用本章介紹的個人與團體的預防和控管方法，就可以有效預防和控管沒有實質效益的衝突。

下一章將提出一個通過驗證的方法，可用來解決衝突情緒層面的問題。第14章將繼續分享多數衝突的實質差異，以及可以怎麼運用一種能滿足雙方需求的方式合作解決問題。

第 13 章

學會化解衝突的三步驟

衝突的情緒和實質層面可以做個有用的區別。情緒因素包括憤怒、不信任、防衛、怨恨、恐懼和拒絕。若感覺很強烈，先解決衝突的情緒層面，通常是健全的策略。在管理好情緒後，實質的議題——相矛盾的需求、對政策和實務缺乏共識、對角色和資源運用的見解不同等等——便可以更有建設性地處理。

衝突的這兩個面向會交互作用。實質衝突常衍生情緒衝突——憤怒、不信任等等，而情緒衝突則可能幫實質議題火上加油。這兩個面向常緊緊糾纏，難分難捨。

許多化解衝突的策略，都強調一開始理性檢視明確議題的重要性。我的經驗顯示，這通常該作為第二步。若感覺波濤洶湧，就該先處理情緒。處理完情緒，雙方才能更平心靜氣討論使他們對立的實質議題。

「理性」策略在眾人情緒澎湃之際通常行不通是有理由的。情緒激動真的會使我們變成跟平靜時截然不同的人。當我們生氣或害怕時，我們的腎上腺素會流動得比較快，力氣會增加大約20％。肝會把更多糖打進血液裡，從心和肺需索更多氧氣。在承受壓力下，供給腦部負責解決問題部位的血液會嚴重減少，因為這時有更大部分的血液被導向四肢。管理顧問喬治・奧德恩（George Odiorne）解釋：「人會置身於一種情緒狀態，意思是，人供給爭吵的裝備齊全，對於解決問題的準備卻極為不足。」[1]

因此，**在解決衝突時，第一個目標是要有建設性地處理情緒**，這也是我所謂「衝突化解法」的目的。

衝突化解法

　　「衝突化解法」可想像成一套管理衝突的簡單規則。數千年來，我們已經認識到，如果未受規範管理，衝突可能太過危險。因此，當摔角選手在墊子上相互扭打時，他們知道自己會受到管理這項運動的規則保護，不會平白遭受某些類型的暴力。當拳擊手爬進圍欄裡，他們知道由於規則禁止且裁判嚴格執行，對手不能嘗試某些行為。就連在國家交戰時，也有約法三章的行為規範。但是，在人生一些最重要的領域，我們的衝突卻大抵未受管制，例如：在夫妻爭吵時，通常沒有雙方事先同意、設計來保護他們或那段關係的規則可循。

　　這一章介紹的衝突化解法，提供一套簡單但實用的規則，可讓衝突變得更有建設性。這個過程鼓勵自我維護的溝通和感覺的表達，但不鼓勵平常那種「口無遮攔」的說話方式——那只會阻礙有創意的解決方案形成，對人際關係的破壞力非常大。接下來，**這個「三步驟化解衝突過程」，能夠幫助人們用有條理、無害且促進成長的方式爭吵。**

第一步：以尊重對待對方

　　在爭論時，以尊重對待對方是什麼意思？心理學家克拉克·穆斯塔卡斯這麼說：

> 在有創造力的爭論中，涉入的人要明白對方也擁有充分的正當性。雙方都不是沒有看見事實……都是

試著以他們見到的真相表達事實。雙方都沒有昧於事實。這樣的對質，在充滿愛和真誠關係的健康氣氛下，讓每個個體都能保有獨一無二的自我意識，透過和別人真誠的溝通而真正成長，並了解簡單和直接在人際關係中的價值。2

二十世紀知名宗教哲學家馬丁・布伯（Martin Buber），試著將他的對話哲學應用於中東地區社會、宗教、政治的混亂場面。他在《人的知識》（*The Knowledge of Man*）一書中，描述了他在自己身陷的混亂衝突中，力求體現的尊重待人之道：

當兩個人告知彼此對於某個主題截然不同的觀點，都想說服對方自己對事情的看法才是對的時，一切──就人的生命而言──取決於每一方是否把對方看待成和他一樣的人，每一方，儘管很想影響對方，是否無條件接受和肯定對方就是這樣的人，就是以這種特殊方式成為這樣的人。接下來，人類個性化的嚴謹和深刻，也就是對方基本的差異性，不僅要提到（作為必要的起點），也要由雙方相互確認。想要影響對方，不代表要努力改變對方、將本身的「正確性」注入對方；而是要努力透過自己的影響力，讓那個被公認為正確、公平且真實的事（正因這個理由，那也必須確立於對方的本質中），以適合個性化的形式生根發展。3

尊重對方是一種透過明確行為傳達的態度。我傾聽的方式、說話的語氣、目光接觸、詞語斟酌、使用的推理類型⋯⋯這些不是傳達我的尊重，就是傳達不尊重。

不幸的是，對他人信仰或價值觀的不認同，或是彼

此需求的衝突，經常變質為對他人想法和個人特質的不尊重。就算我非常尊重某人，我也可能在衝突白熱化的階段貶損對方。我可能使用貶低的詞彙：「真是個笨蛋！那是我聽過最蠢的主意了。」或是，我轉為挖苦：「好棒的主意啊，如果錢『真的』長在樹上的話！」這些不尊重的話語，雖然經常說得漫不經心，卻可能阻礙溝通的流動，造成可能永遠無法徹底痊癒的傷口。

在宣洩怒氣後，我會說：「我不是那個意思，我只是太生氣了，說話不經大腦。」但對方可能會想：「你會那樣說，就表示你心裡那樣想。你發脾氣正好讓我知道你對我真正的感覺。」

有些人有不尊重的念頭，但沒有公然說出口。如果你對某人的態度有失尊重，你的身體語言一定會透露玄機，對方會從你的表情、語氣、姿態等等察覺出來。這也會妨礙對話，可能為關係造成長久的傷害。

在衝突中，我們可能很容易變得卑鄙。有一種人與人之間的引力，會拉低我們的水準，使我們不尊重對方。我們傾向給對方套上刻板印象。一旦發生這種情況，我們是在衝著彼此或各說各話，而非交談。我們時常需要動用道德的力量，把對方視為值得對等交談的對象看待。

第二步：傾聽，直到你能「體會另一面」

即便在最好的情況下，有效的溝通都難以達成。衝突期間，感覺如此強烈，人們就更容易誤解彼此。你一

定聽過那種慷慨激昂的討論，雙方根本不是在講同一件事，卻渾然不覺——或者基本上意見一致，卻沒有發現。衝突期間，不管兩人如何進行對話，都很少是精確的溝通。

要在意見不合時，更精確地溝通並化解衝突，最好的辦法是實行卡爾・羅傑斯的規則：「每個人都要先精確地重述前一位說話者的想法和感覺，說到他滿意，才能說自己要說的話。」[4]1960年代，羅傑斯的同事尤金・根德林（Eugene Gendlin），曾在芝加哥南區向年輕人描述如何進行這種傾聽：

> 你……傾聽、複述對方的話，一步接著一步，就像是那個人親口說的。不要夾雜任何你自己的東西或想法，不要把對方沒有表達的事情賴在他頭上……為了證明你確實了解，用一兩個句子確切表達對方想要傳達的個人意義。這通常可以用你自己的話講，但敏感的重點還是用對方的措辭為宜。[5]

傾聽的目標在於理解對方構想或提案的**內容**、內容代表的**意義**，以及對方對此的**感覺**。那意味能夠設身處地，從對方的觀點看待情境。

這樣的傾聽，不單是為了能夠複述對方的話語或構想，理查・卡博特博士（Dr. Richard Cabot）說：「要到我們真的親自接觸、感覺得到它的說服力，到我們真正看清它的可信之處具有什麼樣的力量，才算理解那個對立的想法。」[6]這就是布伯所謂「體會另一面」（experiencing the other side）的意義。

意見不合時，要精確理解和歸納另一個人的觀點，是非常困難的事。我們常會聽取自己的觀點，回給對方在許多方面正確，卻扭曲對方原意的摘要。想想下面艾莉森和女兒艾蜜莉之間的爭執：

> 艾莉森：我請妳把妳分內的家事做完，妳回我說沒辦法，因為妳要寫作業，這話讓我很生氣。
>
> 艾蜜莉：（試著歸納母親的話）妳希望我不要寫作業，先做家事。

　　艾蜜莉的反映看似正確，卻扭曲了母親話中的精神。無意中聽到談話的人，尤其容易這樣斷章取義。艾利森其實是在不高興女兒一直在拖時間，拖到家事和作業只能選一個來做。就艾蜜莉而言，更精確的反映可能是：「妳很生氣，因為妳認為我拿作業當藉口，不做我該做的家事。」

　　艾蜜莉在做這種反映時，不必相信自己正是拿作業當藉口，她的任務是要理解，未必要同意。她很快就有機會抒發己見。

　　要特別聚焦於**反映感覺**。光是聽到對方的情緒還不夠；情緒需要被理解、被接納。有時，對方的語言聽似故意要刺傷你，而你可能氣到想反擊。如果你選擇抗拒那股衝動、發揮同理心來反映對方的感覺，你會訝異，對方通常很快就能控制住自己的感覺。

　　別說：「我能體會你的感覺」，對方不會相信的。在這個節骨眼，不要解釋、不要道歉、不要發表任何評

論。訓練自己從對方的角度理解意見、建議或感覺，再以簡單扼要的敘述反映給對方聽。安靜一會兒，讓對方思考你說的，指出那基本上正確，然後更深入解釋他們的觀點，或是修正他們方才所言或你聽到內容裡的不精確之處。如果他們有所補充或修正你的反映，請再加以歸納，到對方滿意為止。當對方覺得自己被聽見了，你才有權利說出你的觀點，表達你的感覺。

第三步：陳述你的觀點、需求和感覺

在向對方展現尊重，並傳達你確實理解他的感覺和觀點後，就輪到你向他傳達你的意思了。在化解衝突的這個步驟，有四條準則相當實用。

首先，簡單陳述你的觀念。特別是在衝突期間，如果能讓你的訊息簡短扼要，通常能溝通得比較好。

第二，避免既定觀點用語，這在情緒緊繃的時候難以消受。菲利普・羅斯（Philip Roth）一部小說裡的某個角色驚訝地說：「我的天啊！英語是一種溝通方式欸！對話不只是你開槍和挨槍的火力啊！不是你得臥倒逃生或瞄準殺人的火網！話語不只是炸彈和子彈──不是的，它們是蘊含意義的小禮物啊！」[7]

第三，說真心話，並認真看待你說的話。人在經歷關係緊張時，很容易隱瞞重要的資訊。或者他們會談論一件事，但真正在意的是另一件事。面對衝突時，人往往會說出多到自己難以置信的極端言論。雖然有些情況以防守為宜，但如實說出你心中認定的事實通常比較好。

第四，揭露你的感覺。對方很可能不公平地指控你，激起你一些憤怒或怨恨的感覺，你也可能對討論中的主題有很多感覺。雖然很難有建設性地向冒犯你的人表達你感覺到的疏離，但是要化解衝突，這件事通常非做不可。你已經學會的一些自我維護技巧可能有幫助。在搞定情緒議題之前，實質議題可能沒辦法解決。不管你是在說話或傾聽，衝突化解法都特別著重感覺。

實踐衝突化解法

複習一下，衝突化解法有三個步驟：

1. 以尊重對待對方。
2. 傾聽，直到你能「體會另一面」，接著反映對方的內容、感覺和傳達的意義。
3. 簡短陳述你自己的觀念、需求和感覺。

在下列這個例子中，梅格最近接受過衝突化解法的訓練，正要第一次實際應用在同事唐的身上。他們是一支專案團隊的資深成員，被賦予提升製程效率的任務。一天，梅格和唐起了爭執，她決定試用她剛學到的技巧。（請注意：兩人的前幾句話，她並未使用衝突化解法。）

唐： 我想我們該蒐集每個人的意見，全體討論，再提出最後的程序變革建議。

梅格： 你在開玩笑吧？叫大家聚在一起討論，會討論個沒完沒了的。更何況我們已經走到這裡，現在才回頭問大家的意見，未免太晚了？

唐： 亡羊補牢，猶未晚也！如果我們不讓整個團隊參與，可能會錯失一些很棒的想法。更何況要讓每個人都投入心力，共同參與是唯一的途徑。

梅格： 唐，認清現實吧！你沒聽過有人說，找委員會設計一匹馬，結果就是設計出駱駝？想法更多，不代表想法更好。我們自己搞定這件事吧。

唐： 妳當真？妳老是這樣。真搞不懂妳是抗拒所有新的想法，或只是反對我的意見。

梅格： （停頓一會兒，深吸口氣）唐，聽起來我們在這裡有截然不同的見解。我剛上過一門溝通技巧的課，那介紹了一種健康的方式來表達你自己的意見，同時也能傾聽、進而理解對方的意見。這個方法是這樣的：在你陳述意見時，我會仔細聽，然後重複你的意思。這樣，你就知道我有沒有徹底了解你說的話。然後換我說，你聽。這樣好嗎？

唐： （戒慎恐懼）好，開始吧。

梅格： 你認為，我們需要一個新的、更講究合作的方式來讓團隊投入。

唐： 對。這是一項能見度很高的專案。我們需要拿出最好的本事，並且確定每個人都有付出。

梅格： 你希望我們把這個案子處理得很好。我也希望。我顧慮的是，我們已經走到這個地步了，如果現在才要大家參與，不但會花掉太多時間，也沒辦法交出最好的成果。

唐：　妳說的或許有幾分事實，但如果我們要發光發熱，就得做點不一樣的事。

梅格：　你對我們平常做決策的方式有些顧慮，不過你現在主要擔心的是這項專案。

唐：　（肯定地點點頭。）

梅格：　聽來，我們有同樣的憂慮，只是對怎麼做好這件事有不同的想法。

唐：　我同意。

梅格：　也許還有別的選擇，能夠同時滿足我們的需求。

梅根對這次互動的評價如下：

我覺得對話進行得還不錯。過去每當我和唐起爭執，我們老是鬼打牆，從來沒有真正深入事物的核心。透過運用這些衝突管理技巧，我避免設下溝通路障，而我們終於能夠達成某種共識。

這個方法不是新的。十六世紀，莎士比亞寫了劇本《凱撒大帝》（*Julius Caesar*），以戲劇呈現與凱撒身亡（西元前44年）有關的衝突和陰謀。布魯圖斯（Brutus）是刺殺凱撒的兇手之一，而他以絕佳的口才說服羅馬民眾，他的所作所為既符合他們的利益，也能帶給羅馬更大的榮耀。他除了鼓動群眾嫌惡凱撒，也要他們反對馬克‧安東尼（Mark Anthony）等依然效忠凱撒的人士。

幾刻鐘之後，馬克‧安東尼起身對同一批群眾說話。他還沒開口，群眾之中便有人挑釁地叫囂：「他最好不要講布魯圖斯的壞話。」另一個人大喊：「凱撒是暴

君。」又一個人咆哮：「羅馬能擺脫他，真的太好了。」

安東尼明白，他要非常幸運才能安然活過那一晚。這場演說攸關生死。他援用自己對人的了解，做了三件事，使它成為世界史上最出色的一場演講。

第一件事：他以尊重對待群眾。「各位朋友，各位羅馬人，我的同胞，」他說：「請你們聽我說。」

接下來，經過仔細傾聽，他向群眾證明自己理解他們的觀點，也接受人民有表達意見的權利。他簡單扼要地向他們反映布魯圖斯演說中深深打動他們的內容，同時表示自己聽見了群眾的嘲弄。「高貴的布魯圖斯，」馬克‧安東尼繼續說：「他告訴你們，凱撒野心勃勃。若是如此，那就是個嚴重的錯誤，而對此，凱撒已經鄭重地回應過。」他繼續以這種語氣說話，歸納了他們的憂慮和意見。

當他認為群眾已經知道他——馬克‧安東尼，能從他們的立場了解情勢後，才繼續第三步。他用不具煽動性的詞語，敘述了自己的見解，並且提供一些重要的證據：

> 他是我的朋友，對我忠誠公正；但布魯圖斯說他野心勃勃，而布魯圖斯是正人君子……凱撒看起來真的野心勃勃嗎？……你們都看到了，在牧神節那天，我三度獻給他一頂王冠，他三次都拒絕了。這稱得上野心勃勃嗎？

接下來，馬克‧安東尼出示了凱撒的遺囑，那將這位已故統治者大部分的財富留給羅馬百姓。

馬克‧安東尼活過西元前44年3月15日那天的機

會確實渺茫，是「衝突化解法」的三個步驟救了他。莎士比亞知道，身陷如此危機的安東尼，非得以尊重對待群眾和對手、聚精會神地傾聽，並且展現自己的理解不可。非得這麼做，他才能排解面前這些人的憤怒。唯有先處理他們的情緒，那些人才會願意了解他眼中的事實。當群眾的情緒準備好，他才陳述他的論點。透過遵循這三個步驟，他不僅活過那一天，還活到接掌羅馬的統治權。[8]

衝突化解法的四種用法

衝突化解法有四種用法。首先，就算對方不用，你也可以使用這種方法。透過尊重地聆聽和不煽動地述說，你可以幫助對方冷靜下來，投入更有效益的討論。

當你被捲入爭執中，或是感覺到一場戰事正在醞釀，可以採用第二種用法：簡要地解釋衝突化解法，邀請對方跟你一起嘗試這種溝通方式。先邀對方聊聊衝突的實質面。你或許可以這麼說：「在我們討論議題本身之前，我想先就我們的討論方式取得共識。我建議我們雙方輪流，先聽對方說，重複一遍對方的話，再說自己要說的話。當我們說話時，盡可能簡短、直接、簡單。你覺得怎麼樣？」

衝突化解法的第三種用法是：在事情平靜無波時進行。可以在家庭會議、班會或工作集會上解釋，任何團體都無法避免衝突，而有一種方法能夠順利處理衝突的情緒因素，讓大家都能更有效地討論彼此的差異，進而

更有建設性地消弭差異。說明一下方法，或許玩個角色扮演，也可以提供說明這種方法怎麼用的簡單講義。接下來，在家裡或組織眾人強烈感覺到差異時，一起討論是否希望使用這種方法。你遇到的抗拒，可能會多於預期。如果發生這種事——你可能已經猜到——不要立刻回應反對意見。相反地，要以尊重對待對方，仔細傾聽異議，並向對方證明自己理解。接下來，做個簡單的聲明。用心傾聽之後，我通常會這麼說：「我對我們過去處理歧見的方式不甚滿意。我想，你也不會覺得滿意。我想要用這種方式試個一兩次，看看有沒有幫助。你願意嘗試一次嗎？」

最後，你可以用這種方法來幫助他人化解衝突。如果兩位當事人都同意由你擔任第三方的角色，你的工作就是保持中立，確定雙方按部就班遵循化解衝突的程序。你或許會決定在雙方發言之後進行反映。若有中立第三方負責歸納陳述，扭曲的情況會比由對手歸納來得輕微。

不過，比較常見的做法是：由第三方解釋衝突化解法的三個步驟，並徵得所有當事人同意來採用這個過程。第三方的角色是不介入衝突、幫助他人援用這種方法，以便在壓力下溝通；也幫助他們學習一種有效的溝通方法，以利未來在沒有第三方協助時圓滿處理衝突。

為交鋒做好準備

心理學家喬治‧巴哈為夫妻和企業領導人進行廣泛

的「公平爭吵訓練」，他指出，雙方皆同意參與衝突，是衝突富有成效的必要條件。根據巴哈和賀伯・戈柏格（Herb Goldberg）的說法：

> 公平的爭吵是由有牢騷或抱怨的「發起人」執行的。他請求對方（「爭吵夥伴」）一起來一場公平的爭吵。如果「爭吵夥伴」同意，再來確定爭吵的時間和地點。
>
> 　這個「參與」的過程，通常能夠阻止立刻跳進去、當場吵起來的傾向。當場吵起來，只會導致對方措手不及，毀滅性交鋒的惡性循環便迅速展開。因此，公平的爭吵，一定要建立在共識與雙方同意的條件上。[9]

我們經常在不確定時機是否對自己恰當、沒有弄清楚對方是否同意爭吵、未取得能使衝突富有成效的共識時，貿然投入衝突。下列是幾件值得確認的事：

- 我們對這場衝突，都有足夠的情緒能量嗎？如果朋友正在經歷離婚的痛苦，我可能會選擇不要現在對質。
- 誰該在場？一般而言，有利害關係的人該在場，不相干的閒雜人等則不該在場。有時旁觀者會選邊站，有時爭論者會變得扭捏不自在。同樣真確的是，衝突未必一定要像什麼敗德惡事一樣祕密進行。當爸媽允許孩子聽到他們一些衝突，年輕人可能會對人際關係有更實際的認識。
- 何時是最恰當的時機？有沒有哪個時間，是你們比較不容易精疲力盡、衝突需要多久就能投入多久，而且之後有時間和解、解決問題、評估你們的爭論是否公平有效的？

- 哪裡是最好的地點？通常你不想受到干擾——電話、簡訊、電視和其他人。避免分心。另一個要考量的是：場地是否中立？該在自己的地盤、對方的勢力範圍，還是「不屬於」你們各方的空間（或是對你們都稀鬆平常的地方）爭吵呢？

雖然這些議題都很重要，但最重要的準備工作是：**不要突擊**。先取得共識和每一方都同意的條件（包括使用衝突化解法）才開始爭吵，會贏在起跑點。

評估衝突

前文列出了衝突的許多好處，而那些好處之所以無法獲得或僅獲得部分，是因為當事者沒有進行有成效的爭吵，或者事後沒有花時間記取衝突的教訓。

在爭吵後，請和你的夥伴聊聊你們爭吵的成效，以及你學到了什麼。如果辦不到，你或許會想就爭吵的過程和結果，展開一場內心的對話。當然，若能和夥伴一起討論爭吵，並且一再拿出來在你心裡溫習，是最理想的情況。下列這些問題，或許能夠幫助你從衝突中學到東西：[10]

- 我從這次爭吵中學到什麼？
- 我能否從這次爭吵認識到，哪些事情容易惹惱我或對方？特別是引起這次爭吵的觸發事件？
- 我／我們是否妥善利用了衝突化解過程：準備、尊重、傾聽、陳述己見、評估？
- 我傷得有多重？
- 我的夥伴傷得有多重？

- 這次爭吵是否揭露了我和夥伴的新資訊，對於爭論中的議題又有多大幫助？
- 我們有誰改變心意了嗎？如果有，我認為我們達成什麼樣的新共識？
- 我發現自己和夥伴的爭吵風格、策略和刺激因素有哪些特色？
- 爭吵之後，我們的距離是拉近、還是疏遠了？
- 下次發生衝突時，我想要採取哪些不一樣的做法？
- 如果下次發生爭吵，我希望我的夥伴有哪些不一樣的做法？

衝突化解法的預期成果

衝突化解法極具戲劇性的成果是：它對互動情緒的影響。**在感覺表達且被對方聆聽、接受後，情緒就會迅速排遣，人們可以更富成效地討論彼此的差異。**

對我而言，這種方法還有第二種成果：我可以在理解和改變中成長。畢竟，我並不知道全部的事實。當我用心聆聽對方說話、感受到他們信念裡的說服力時，我可能會採納一些新的觀點和方法，或是將對方部分見解融入到我的見解之中。另外，當我在公平的爭吵中遭受真正的質疑時，我會從我的經驗中找到最深植於事實的部分。因此，在我融入新洞見的同時，我也強化了那些值得繼續在我的生命和價值系統發揮影響力的事情。

衝突化解法還有一個可能的成果：對方可能改變。卡爾‧羅傑斯指出：「如果我能傾聽他可以告訴我的，

如果我能理解他心目中的事實，如果我能看出那對他個人的意義，如果我能感受到那替他的情緒增添的風味，我就能釋放他體內改變的潛力。」[11]同樣地，若我能技巧精湛地陳述我的觀點，對方改變的機率也會增加。不過，**衝突化解法的目的是在備受壓力的時候改善溝通，我們務須了解，很多時候對方並不會明顯改變他們的信念或行為。**

這種化解衝突的方法還有一種常見的成效是，雙方或許願意為衝突的實質議題共商對策。你應該還記得，設計這個三步驟程序的目的是處理爭端的情緒議題，而非實質議題。只要情緒消退，實質議題通常也可以迎刃而解，下一章就將介紹合作解決問題的方法。

衝突化解法也可以用來有建設性地處理價值觀的衝突。有些最具殺傷力的爭執，都是在吵價值觀。如果雙方從對話一開始，就抱持不同的價值觀，在互動結束時，也難以徹底實現心靈交流。當衝突化解法被用於價值碰撞，目標是更深入了解彼此，或許影響彼此到某種程度，並同意雙方對其餘議題認知不同，這種方法可以讓產生價值衝突的當事人進行面對面溝通，直到雙方接受彼此都有意見不同的權利。雙方依舊可以對某些議題意見不一，但是不必彼此針鋒相對。

最後，以這種方式解決衝突，通常能夠深化、豐富情誼。一旦關係中的個體不曉得如何處理彼此間的差異，關係就會動搖。若迴避差異，關係難免變得膚淺。用不適當的方法爭論差異，則是令人心痛，而且會將衝突

不成比例地放大。使用衝突化解法，彼此的事實和生命是在充滿關愛下交流的，每個人都能觸及對方的內心深處，因此在衝突化解後，時常感受到深刻的和諧與情誼。

本章摘要

衝突期間，先把重點擺在情緒上。一種有建設性的做法是使用衝突化解法：

- 以尊重對待對方。
- 傾聽、複述到對方滿意為止。
- 簡單扼要地陳述你的觀點。

這種方法可由你單獨使用，可在獲得對方同意下使用，也可讓中立第三方幫忙。為衝突做好準備很重要，這包括為爭吵取得共識和各方同意的條件。衝突之後，花點時間評估，能夠幫助你從這次爭吵記取教訓，明白下次可以怎麼更富成效地爭吵。運用這種方法，情緒通常能夠很快發洩且平息下來，一方或雙方可能有所改變，人們可以針對價值觀議題表達己見，並且「同意雙方有不同意見的權利」，使得情感的連結更加穩固。最好的人際關係，通常存在於衝突的另一面。

第 14 章

面對需求衝突，
透過合作解決問題，
尋求優質解方

這種解決問題的方法，讓心智可以踩動雙
離合器。那不需要雙方直接交換觀點。那
提供一段「中性」的時間，讓雙方坦然面
對事實，進而願意共商替代觀念。[1]

——威廉·雷定（William Reddin），
英國管理學家

三種衝突

衝突有三種基本類型。其一是**情緒的衝突**。任何重要的關係，都會產生強烈的敵對感覺，因為人類就是難以避免差異。這種衝突可以運用前一章介紹的衝突化解法加以化解。接著是**價值觀衝突**。這類型的衝突罕有「解決辦法」，因為這不涉及雙方任何具體或實質的內涵。不過，運用衝突化解法，或許可以幫助信念對立的人更了解彼此、培養對彼此立場的容忍，並偶爾影響對方的態度和行為。

第三類衝突：**需求的衝突**，是這一章的主題。在釐清價值觀議題，也解決情緒因素之後，往往還有實質的議題需要解決。下列是我人生中近期需求衝突的實例：

我的需求	對方的需求
今晚必須採買，所以需要交通工具	有重要的會要開，所以需要交通工具
把我們的會議中心準備好，展示給一個重要的客戶看	在那位客戶拜訪期間，不要耽誤其他人的工作進度

這些問題需要解決，好讓雙方的需求都能獲得滿足。在探討我用來解決這些人際問題的「合作解決問題法」之前，讓我們回顧一下其他常用的幾個選項。

合作解決問題以外的常見對策

人們在不合作解決問題時，常使用這三種替代方

案：逃避、投降、宰制。重複使用這些選項，會導致可預期的負面後果。

逃避

逃避分為兩種：有意與無意。不自覺的逃避，有時稱為「否認」。衝突對某些人是如此具威脅性，讓他們否認有人際問題存在，也使他們不去領會這種情況。壓抑衝突就是對自己和別人假裝一切都好，什麼事也沒發生。

有些人察覺得到生命中的人際衝突，而會無所不用其極地逃避，不肯正視。他們會退出發生摩擦的情境，也可能掩蓋問題，假裝問題並不存在。很多夫妻都為充斥衝突的婚姻，營造和平的假象。

一再逃避問題，會嚴重削弱存在感。逃避的矛盾在於：人們常試圖用逃避來維持一段健康的關係，但逃避卻會損害關係，導致更嚴重的疏離。

投降

面對別人的需求與自己的牴觸時，很多人選擇投降。他們屈服，通常連掙扎也不掙扎。他們習以為常地放棄自己有正當性的需求和想望，改而支持他人的。這種順從的人際交往方式，無法進行有意義、真誠、平衡的投入，時而引發長久的怨恨。投降固然比較少引發公開衝突，但深埋的怨恨卻會抑制創造力、合作、愉快，還有（在一些例子中）愛。

宰制

　　另一種解決問題的做法是宰制：強迫對方接受你的解決方案。主宰決策的人提出的辦法，大多旨在滿足自己的需求，但我們發現，這些辦法其實很少能像其他辦法那樣滿足主宰者的需求。他們或許能隨心所欲，或取得特定的短期成果，但關係卻會受損。他人的需求不是未獲處理、未被精確理解，就是未盡量獲得滿足。

　　第8章探討了侵略和屈從的行為。你可以想像，在遇到需求衝突時，侵略型的人多半仰賴宰制。但令我訝異的是，很多屈從的人一旦掌握權威，也可能在需求衝突時強迫對方接受他們的方案。在教導數千名當權者——爸媽、經理人、教師等等——溝通技巧時，我發現許多較不善於自我維護的人，會在缺乏權力時投降。一旦被賦予凌駕他人的地位，就會變成宰制型。這種現象有很多種可能的解釋，我相信其中之一是人很少體驗過宰制和投降以外的替代方案。因此，當他們變成權威人物，就會依樣畫葫蘆，仿照他們在性格形成期和工作經驗耳濡目染的方式行事了。

　　許多負面後果都跟宰制有關。首先，怨恨會流向一意孤行的人。除了人在任人宰割時常感受到的憤慨，強迫實行解決方案還可以喚醒過去累積至今、從未解決的怨恨——其他權威人物遂行意志招致的怨恨。因此，威權人士必須設法解決的，不只有針對特定行為的怨恨，還有長年的積怨。當宰制反覆發生，負面效應通常相當

劇烈。人們可能會訴諸破壞、被動抵抗、情緒疏離和其他反擊之道。

強迫實施解決方案時，方案通常得嚴格貫徹。畢竟，如果對方的需求不會被滿足，如果對方並未完全參與決策過程，他們就不大可能有動力落實方案。因此，就算議題解決了，也可能不會一勞永逸，除非一意孤行的人投注大量心力來強制實行。

投降和宰制都是非贏即輸的策略——一個人贏，另一個人輸。否認和逃避也是在爭輸贏：藉由渾然不覺或不戰而退，會有一方滿足不了他們的需求。事後回想這段關係，這麼說或許並不為過：反覆使用上述任一種因應策略，都可能導致所謂的「雙輸」。雙方都有所損失，關係也更趨惡化。

妥協：我會部分滿足你

我的字典給「妥協」下的定義是「互相讓步而取得同意」。妥協要考慮雙方的需求和恐懼。有些時候，化解人與人之間的差異可能至關重要。主導〈密蘇里協定〉（Missouri Compromise）獲眾議院通過的美國政治家亨利・克萊（Henry Clay）說，那次妥協是把聯邦凝聚在一起的水泥：

> 所有立法……都建立在互相讓步的原則上……。那些自認出類拔群，高於人性、凌駕於人性的脆弱、疾病、匱乏和必需的人，如果他喜歡，就讓他說「我絕不妥協」無妨；但並未凌駕我們共同人性缺陷

的人，可別讓他鄙視妥協。2

在這個需求、想望和價值觀互相衝突的世界，妥協顯然有它的一席之地。但如果一直使用或不當使用，也可能導致不想要的結果。許多婚姻都是截然不同性格的結合，出現歧異時，兩人可能一直靠妥協來解決問題。原本想要十分，勉強接受七、八分。這樣的妥協帶給他們暫時的家庭和睦，但沒有愉快、沒有喜悅。經過長年索然無味的妥協，這段婚姻最終會以這兩種分離收場——法律上的，或情感上的。

在組織裡，過度使用妥協也會扼殺創造力、使人窒息，進而抑制獲利。商業領導人羅伯特・湯森（Robert Townsend）在他的書《提升組織力》（*Up the Organization*）中建議：

> 妥協通常是壞事，非萬不得已不該濫用。如果兩個部門或處室碰上沒有辦法解決的問題，求助於你，請傾聽雙方的意見，然後……選擇這邊或那邊。這會賦予贏家扎實的運作責任。訓練你的同仁避免妥協。3

透過合作解決問題，尋求優質解方

若能合作解決問題，人們一發現需求相衝突，就會協力找出彼此可接受的辦法。那需要重新定義問題、發掘新的替代方案，著眼於部分重疊的利益。在這個過程中，一方無須降於或宰制另一方。因為沒有人失去，沒有人放棄或讓步，雙方（各方）都能獲益。**這常被稱為**

處理需求矛盾的「雙贏」策略。 在可以採用這種方法的時候──多半可以──**這通常是化解人與人之間需求衝突的最有效方式。**

　　社會工作者暨組織理論先驅瑪麗・帕克・傅麗特（Mary Parker Follett）舉例說明了合作解決問題法。她寫到有兩個人待在大學圖書館裡一個又小又悶的房間，一人打開窗子，另一人希望關上。兩人並未執著於解決辦法（窗子該開還是關），反倒著眼於需求，進而提出替代方案來解決問題：打開隔壁房間的一扇窗。這為想要新鮮空氣的人提供新鮮空氣，同時避免北風直接灌在反對通風太強的那個人身上。[4]

　　很多人懷疑這種雙贏策略能夠奏效？當我提出傅麗特開隔壁房間窗戶的例子，研討會學員可能會說：「是很好，但隔壁房間可能沒有窗戶哩。」[5]若是如此，有創意的問題解決者，可能會提出另一個能同時吸引兩人的選項──或許是換座位、開氣窗而不要開下層窗，或是在圖書館裡找到別的區域來讀書。我很訝異自己生命中，竟然有那麼多困難的衝突已透過合作化解。這種方法不是萬靈丹，無法解決人生所有疑難雜症。偶爾，這種方法就是起不了作用，或是有其他方法更適合。不過，我們已經證實，人與人之間發生的一般問題，有極高的比例可用這種方法順利解決。

合作解決問題法的六個步驟

　　偉大的美國哲學家約翰・杜威宣稱，哲學不能再作

為「處理哲學家問題的手段」，而要成為一種由哲學家耕耘的方法，來解決平凡人的日常問題。[6]杜威「最強調的一個重點」，或許是他堅持建立「普遍認可的……邏輯法則」，來幫助人們用趨吉避凶的方式解決問題。[7]杜威的邏輯法則，建構了一個可用來解決個人及企業問題、化解社會衝突，或針對科學和其他科目進行批判性思考的過程。[8]心理學家湯瑪斯・戈登亦助一臂之力，撰寫如何將此過程應用到人際問題上——在人們透過自我維護和傾聽，發現彼此需求相衝突的時候。[9]

這個過程的六個步驟如下：

1. 依照需求，而非解決方案來定義問題。[10]
2. 腦力激盪出可能的方案。
3. 挑選最符合雙方需求的方案（可能不只一項），並確認可能的後果。
4. 計畫誰要在哪裡做什麼、何時完成。
5. 實行計畫。
6. 評估解決問題的過程，再評估方案實行的成效。

合作解決問題法需要使用傾聽技巧、自我維護的技巧，以及衝突化解法。除此之外，你還需要避開幾個使用這種方法時常碰到的陷阱，讓我們一步一步走完這個過程吧。

步驟一：依照需求，而非解決方案來定義問題

多數人不必怎麼思索就會同意，要先精確地描述問題，才能進行解決問題的其他步驟。然而，在亂七八糟

的人生階段，面臨時間壓力、問題引發的情緒壓力、明確定義問題時常得耗費的龐大心力，很多人會勉強接受膚淺或片面的定義。如此便可能損害整個合作解決問題的過程。明確、具體、簡潔地陳述問題非常重要。

要達成雙贏的結果，問題必須依照需求，而非解決方案來敘述。[11]這對合作解決問題的過程十分重要，因此我想說明這種差別的含意、它為什麼重要，以及可以如何達成。

首先，「依照需求來定義問題」是什麼意思呢？很多時候，人們是從「解決方案互相矛盾」的角度來看待問題。待在圖書館通風不良房間的那兩個人，一開始或許是從「要用哪種解決方案？」來陳述他們的問題。一個想要把窗子打開，另一個希望它關著。如果改問：「你開窗是想得到什麼？」，答案或許就會變成需求的敘述：「多一點新鮮空氣。」如果問另一個人：「你希望窗戶保持緊閉，這對你有什麼好處？」想保持窗戶緊閉的人，無疑也會回以需求聲明：「我需要避免吹風，因為我感冒了。」只要重新定義問題——改成依照需求陳述——就能找出其他可能令雙方接受的選項，例如打開隔壁房間的窗戶。要找出需求，就要試著了解那個人為什麼一開始要提出那個方案。只要明白那個方案帶給他們的好處，就能找出他們的「需求」。

為什麼要特地依照需求、而非解決方案來定義人際問題呢？為了避免非贏即輸的結果。心理學家羅斯‧史塔格納（Ross Stagner）說，衝突是「一種有兩個以上的

人渴望達成目標，卻認為只有己方或對方能夠達成，不可能雙方都達成的情境。」[12]「認為」一詞是這個句子的重點，如果一開始就能把對問題的認知，從非贏即輸的「解方」取向，轉變成雙贏的「需求」觀點，找出互惠結果的機會就大大提高了。對問題本質產生謬誤、有限的認知，會使許多解決問題的心血化為烏有。

這種解決問題方法的第一步，通常要耗上整個過程所需一半的時間。它需要維護本身的需求、反映式傾聽到你了解對方的需求，然後用一個句子總結問題、陳述雙方的需求。除了非常簡單或非常困難的問題，我預計這個步驟要花五到二十分鐘。這樣的付出是值得的，俗話說得好：「問對問題，就解決了一半的問題。」

步驟二：腦力激盪出可能的方案

在適切地定義問題後，就要尋找可能的解決方案了。我通常會用腦力激盪法——快速產生和列出構想，無須清楚說明，也不必評估優劣。運用這種方法，很多看似無解的問題都迎刃而解了。

腦力激盪講求的是「量」，而非「質」。經驗豐富的腦力激盪者明白，在這段期間生成的構想，絕大部分會在後續階段排除。但不必在意這點，現在他們是在「衝量」。

腦力激盪有幾條可以提升產能的準則，這些準則旨在營造一種氛圍，讓創意思考的強大能量集中用來迅速構思可能的解決方案（通常不到五分鐘）。偏離任一條準則，都會減緩思想的流動、削減團隊的創造力。下列

就是腦力激盪最重要的準則：

1. **不要評估**。評估會阻撓創造力，很容易讓人築起防衛，而把想法放在心裡。是停止評斷的時候了。

   別說：「不行。」
   別說：「那行不通。」
   別說：「那主意很蠢。」
   別說：「那要花太多錢。」
   別說：「那已經試過了。」
   別說：「那主意很棒。」

   之後會有時間提倡你覺得最好的解決方案，現在請嚴格遵守「不要評估」法則，就算評估是正面的。

2. **不要釐清，不須清楚說明**。解釋的言詞會妨礙可能方案生成的速度和創意，一旦人們在腦力激盪過程開始解釋他們的意思（「我想縮短每週例會的理由是……」），或被別人詢問他們的意思，構想就會減速成涓涓細流了。

3. **蒐集天馬行空的想法**。荒誕不經的構想乍看之下毫無意義，但或許能夠作為種子，催生出最後被採用的方案。一座大型機場的經理人腦力激盪，設想該怎麼清除跑道上的積雪。一名與會者提議，在塔台放一隻巨大的青蛙，可用牠巨大的舌頭把雪掃到旁邊去。後來，這個點子被重新塑造為雀屏中選的方案：一部旋轉式空氣炮，把積雪吹出柏油路。除了偶有實效，天馬行空的想法，

也能激發參與者更大的創造力。

4. **拓展他人的想法**。腦力激盪會產生許多不完整的構想，有些最好的解決方案是來自擴充、結合或延伸已經被貢獻出來的想法。一對年輕夫妻腦力激盪環遊美國各地度假的方式。丈夫說：「買部廂型車。」他的伴侶搭上這個主意的便車，說：「租一部休旅車，每年租兩個星期。」

5. **盡可能運用一些關鍵字，記下每一個構想**。記錄的人不該自命為編輯、審查員或法官——他只是記錄員。

6. **避免將人名附在他們提出的想法上，也不要分開羅列每個人的貢獻**。所有當事人都要提出構想來觸發他人思考，因此就算某個人貢獻了被採用的構想，那也是團隊的努力。

研究證實這點很重要：不要抱持「衝突只有一種恰當解法」的態度來開解決問題的會議。[13] 很多解決問題的努力之所以失敗，是畫地自限所致。一旦你經常運用這種過程，你會訝異就連非常困難的問題，也有不少優質解決辦法。

步驟三：挑選最符合雙方需求的方案（可能不只一項），並確認可能的後果

如果某些在腦力激盪階段出現的方案有說清楚的必要，現在就是時機。說明應盡可能簡單扼要。「不要評估」的準則，亦適用於這個階段。如果沒有構想需要釐

清，就可以開始選拔了。

要評估挑選哪一項提議或聯合方案，下列準則證明有所助益：

1. **問對方喜歡哪些替代方案**。不要用刪去法，這會耗用不必要的時間，而且可能降低每個人解決問題的專注和效力。

2. **說你覺得哪些替代方案最適合你**。記得，你的需求一定要獲得滿足。

3. **看看有哪些選擇不謀而合**。

4. **一起決定一項或多項替代方案**。如果需求在一開始就界定得很清楚，通常雙方會選到好幾項相同的替代方案。

要確定對方對他選擇的方案感到滿意。你們都能接受那個選擇，對你和對方都有利。若那能滿足他們的需求，他們會更有動力見到方案實行。有人睿智地說：「別人是為了他們自己的理由而做事，不是為了我們的。」

共識是最適合合作解決問題過程的決策制定法。共識是願意接受團體的決定。倫西斯和珍・李克特（Rensis and Jane Likert）寫道：

> 取得共識的過程是開誠布公、持續到達成協議的思想交流。這個過程確保每一個人的憂慮都被聽見和理解，也確保每一個人都會被認真納入考量，一起尋求和做成結論。這個結論可能並未反映每一名成員的確切期望，但因為那並未侵犯任何人最深的顧慮，眾人可能一致同意。[14,*]

在兩個人使用合作解決問題法的時候，說決策是共識的產物好像太正式了。不過，只要採用這種方法，共識的精神就會瀰漫合作的過程。多數決、議事程序、遵守《羅伯特議事規則》（*Robert's Rules of Order*）——這些都不會在合作解決問題法中使用。測試用的假投票（straw votes）可能有助於確定較大型團體的意向，但這不具約束力，通常也沒有必要。

　　一旦雙方選好看似得到彼此青睞的方案，接下來就要探究那項方案或聯合方案可能的結果。看似值得嚮往的方案，經常遭到預料外的結果伏擊。雖然我們不可能準確預測所有結果，但善於解決問題的人不會忽略這個重要的步驟。

步驟四：計畫誰要在哪裡做什麼、何時完成

　　有時候，人一做成滿足眾人各色需求的決策，就會興高采烈、得意忘形到過早慶祝，而不探討執行方案的重要細節。參與的各方，必須決定誰要在哪裡做什麼，以及什麼時候完成。有時決定怎麼做——要採用的方法——也很重要。詳細指明時間讓相關人員一起檢視執

＊ 作者注：根據我的經驗，在一對一解決問題時，雙方通常會對互相達成的方案感到滿意。有時，在團體裡（偶爾發生在只牽涉到兩個人的情況），互相達成的方案「可能並未反映每一名成員的確切期望。」你也許會問：「這跟妥協有什麼不一樣？」妥協是靠「互相讓步」達成，而共識是一種取得「群體團結」的過程，是一種「全體協議」。「妥協」和「共識」之間，有條細微但重要的界線，值得深入探討，可惜本章篇幅不足。這兩者的一項重大差異是：眾人對結果的感覺。

行成效，也有幫助。

很多人很健忘，其他人則記憶不精確。**我建議把達成的協議記錄下來，包括誰要在什麼時候以前做什麼的細節。**將協議記錄下來只是作備忘用，如果可能，把問題的敘述、腦力激盪出來的構想、解決方案和實行的決策記錄在一起。

步驟五：實行計畫

在此之前，所有當事人都在思考和說話。現在，他們來到**行動**的關頭了。眾人對於誰要在何時以前做什麼事情已經達成協議，現在是付諸實行的時候了。

話雖如此，有時人並不會遵守當初真心誠意作成的協議。在這種情況下，自我維護的訊息和反映式傾聽也許派得上用場。

步驟六：評估解決問題的過程，再評估方案實行的成效

開完解決問題的會議，我喜歡花點時間討論過程進行得如何，討論事項包括下列一些主題：

- 我們每個人對於剛經歷的過程大致作何感想；
- 每個人最喜歡過程的哪個部分；
- 每個人最不喜歡過程的哪個部分；
- 我覺得困擾的事；
- 對方覺得困擾的事；
- 我希望我沒做的事或沒說的話；

- 對方希望沒做的事或沒說的話；
- 我們每個人希望下次哪裡可以做得更好。

到解決問題過程的尾聲，我會約定時間檢討解決方案是否對我們成效良好。有些行動禁不起時間考驗——可能全部，可能部分。如果行動計畫行不通，就該修正或制定新的計畫。如果成效良好，何不慶祝我們順利度過難關呢？

這種解決問題的方法傳達了什麼？

顧問好友彼得・勞森（Peter Lawson）指出，合作解決問題法的每一步驟，都有一個重要的互相維護的訊息，可能在意識或下意識的層次傳達。經過這些年，我也增添了一些自己的想法。我在解決問題過程的每一個步驟中找到的訊息如右頁。

避開這個過程常見的陷阱

對多數人來說，前述過程的成功率相當高。倘若成效不彰，通常是掉進某個常見的陷阱了。

☑ 沒有先處理情緒

如果情緒高昂，就需要先透過衝突化解法降至正常範圍，才能啟用解決問題的過程。這個方法的核心原則就是：當感覺強烈的時候，必須先處理感覺，再處理其他事情。

步驟	訊息
1. 依照需求定義問題。	你的需求對我很重要；你對我很重要。我也很重要，重要到可以表達需求，讓需求被聽見。我們真的可以了解彼此。
2. 腦力激盪出可能的方案。	我重視你饒富創意的想法，也重視我的，相信只要同心協力，我們可以更有創意地解決我們共同的問題。
3. 挑選最能滿足各方需求的方案，並確認可能的後果。	我希望你的需求獲得滿足，也希望我的需求獲得滿足，而我不會接受只有其中一人獲得滿足。
4. 計畫誰要在哪裡做什麼、何時完成。	你我願意一起做決定和制訂協力合作的計畫來協助彼此，讓我們的需求都能獲得滿足。
5. 實行計畫。	你我有能力改變行為來提升我們的生活品質和增進彼此的關係。我們對彼此的承諾，既表現在言語上，也要化為行動。
6. 評估過程和方案實行的成效。	你我想要繼續精進我們解決彼此之間的問題的方式。我們將誠實且關愛地討論我們對這次互動的感覺。 我們並未局限於任何方案、策略或計畫。如果我們的決定不如預期理想，我們有權力加以修正，讓它更好。[15]

☑問題定義得不夠清楚

許多人傾聽得不夠久、不夠接納或不夠有效而無法理解對方的需求。對方可能也不夠精確地說明自身需求。

有時，人們會試圖在沒有實際需求——只有價值觀議題——時運用這種方法。這個過程本來就不是給價值觀議題使用的。

☑在腦力激盪期間進行評估或釐清

我們指導過很多人忍不住用評估、釐清、評論、舉例等行為，打斷腦力激盪的步驟。這會妨礙、乃至扼殺有效的腦力激盪。既然解決方案的品質，取決於腦力激盪的成效，避免掉入這個陷阱至關重要。如果對方開始評估或岔題，請立刻溫柔而堅定地阻止，回到過程上。但如果你的干預被視為鎮壓，也可能破壞腦力激盪。

☑未研擬基本細節

一旦關係變得比較和緩，也找到雙方同意的方案，很多人就會中止解決問題的過程了。他們不會詳細說明接下來要採取哪些步驟，於是方案就不會實行，既損害了方案的效用，有時也會損害關係。

☑沒有追蹤行動步驟實行的進展

光是取得協議不代表就會付諸實行。很多人行程滿檔、要事纏身或有其他困難，可能無法全心投入你們共

同的計畫。對方並未貫徹他們該做的事，不代表他們不在乎你，或是不在意你們一致同意的方案。因此，務必設定並運用實際的關卡，來評估你們解決共同問題的進展。

有時，你們就是無法就解決方案取得共識，那是因為過程的某一兩個步驟需要更有效地進行。問題通常出在步驟三（挑選方案），這時再試一次多半會有幫助。明確、簡潔地維護你的需求。用心傾聽，直到你發掘對方的需求為止。接下來，既已明白共同的問題，就可以展開無拘無束的腦力激盪，記得不要評估、釐清、解釋或岔題。很多時候，走第二遍流程，就能找到互惠的解決方案。

應用合作解決問題法

設定目標

設定好目標，合作解決問題的過程通常就會比較順利。例如，奧斯丁想要每年固定存五千美元到長期儲蓄帳戶，這個目標看似與伴侶莉莉的目標相衝突：辭職、回去念研究所。奧斯丁和莉莉曾就此爭吵過，但這次他們都述說了自己的需求、腦力激盪解決方案，也一同經歷其餘合作解決問題的過程。他們決定，在莉莉回學校那三年不要存錢，但在她重回職場後的前六年，每年都存七千美元。雙方都很滿意，因為各自的需求都獲得滿足。

羅伯特是位工廠經理，他們工廠採用目標管理，目標管理的基本概念之一是：主管和員工會一起決定員工

來年要負責達成的目標。因為有效溝通是目標管理成功的必備條件，羅伯特認為這種程序根本是狗屁，因為工廠裡根本沒人學過讓這種制度運作的人際技巧。

在羅伯特和他的主管上了管理溝通技巧課之後，他們先討論過去一年的成績和難題，隨後開始為來年設定目標。羅伯特的主管簡潔地概述公司明年的目標、部門的目標，以及他們自己的目標（在於協助部門和公司達成目標）。上司的需求是達成他們的目標，而為了做到這件事，羅伯特必須設法為那些目標做出貢獻。

然後，羅伯特的主管問他，他明年最想完成什麼事？清楚表達需求後，兩人把他們的需求合併成一句話、腦力激盪出各種滿足兩人需求的方式，並為明年發展出一系列彼此都可接受的目標。行動計畫在一場後續會議中研擬。根據羅伯特的說法：「我以前從不覺得目標管理有什麼意義。現在，我知道我的上司和部門想要什麼、需要什麼，以及為什麼。我們也找到比以前更好的方法來運用我的技術，並以我的利益為動力。如果我們安排的定期檢討會議成效良好，我想我應該能夠實現公司需要的成果，也滿足我自己的許多需求。」

一對一的協助關係

若對方有強烈需求，運用傾聽的技巧是恰當的。不過有時，在透過反映式傾聽將提出的問題反映成真正的問題後，過程可能又陷入僵局，因為有需求的人不具備解決問題和做決定的技巧。如果你認為你已傾聽得夠

久，已理解核心議題，說明解決問題的模式可能是不錯的做法。如果對方坦然接受，你就要扮演引導過程的角色。因為這不是合作解決問題，步驟一只須講述需求。在步驟二，你的工作是聚焦在腦力激盪，不要評估，也不要解釋可能的解決方案。（有時，你可以在步驟三貢獻一些——但不是大部分！——可能的方案。）最佳替代方案要由對方一人挑選，不過你可以要求他們預期選項的可能結果。這個過程的其餘步驟，也可以用類似的方式處理。這麼一來，你既能幫助對方自己解決問題，又能幫助對方學習解決問題的過程供未來使用，一舉兩得。

其他應用方式

這個過程還有其他很多應用方式，我在這裡將再提兩種。首先，它在建立規則和政策方面成效斐然。不論有沒有明說，規則都是每一段關係、每一個家庭和組織的要素。規則或政策，由受到影響的人親自參與制定，當然是可取的事。在大型團體，這可能得由代表來做。每學年一開始，有些導師會和全班一起運用合作解決問題法，制定未來一年的行為規範。那一年，每當有新規範的需求浮現，團體就會再加上去。每當有舊規定證明已無必要，團體就會用行動剔除。只要在訂立規範時援用參與原則，人們就會更理解，也更服膺規範。

第二種其他應用就是：曾有人說，人生就是一連串的疑難雜症，這個六步驟的解決問題過程，也可讓個人用來解決自身困擾，從這種系統化的方法中獲益。

本章摘要

遇到人際關係的衝突時，若不合作解決問題，其他常見的對策包括逃避、投降、宰制、妥協。其中任一種可能適合某些情況，但是經常使用會引發負面效應。

合作解決問題法通常會有圓滿的結果。它有六個步驟：

1. 依照需求，而非解決方案來定義問題。
2. 腦力激盪出可能的方案。
3. 挑選最符合雙方需求的方案（可能不只一項），並確認可能的後果。
4. 計畫誰要在哪裡做什麼、何時完成。
5. 實行計畫。
6. 評估解決問題的過程，再評估方案實行的成效。

如果解決問題的過程起不了作用，請仔細檢查，確定自己確實避開那些會妨礙成效的常見陷阱，或者重新走一遍流程。

這種方法在家裡、職場和學校都有多種應用方式，可以用來設定目標、在特定階段輔助傾聽來促進關係、制定規範，以及解決個人問題。

這是一種最重要的人際技巧。誠如喬治・普林斯所言：「若你未能善用你饒富創意的解決問題的天賦，就是在損害你自己的生命品質。」[16]

第 15 章

有效溝通的三大要素

捍衛你的內在精神，勝過看守任何財寶，
因為那是你生命的泉源。[1]

——箴言

溝通光靠技巧是不夠的

行為科學界的研究人員和理論家主張，有三大特質可促成品質更好的溝通：真誠、不占有的愛和同理。

真誠的意思是誠實、坦率地表達自己的感覺、需求和想法。這是頑固地拒絕讓我們真實的自我隱姓埋名地旅行。

不占有的愛包含以非家長式、無拘束的方式互相接納、尊重及支持。

同理指能真正看到、聽到對方，並依據對方的參照標準理解對方的能力。

1950年代晚期，心理學家卡爾・羅傑斯假定這三種特質是有建設性的溝通所不可或缺的，[2]之後陸續有一百多項研究支持羅傑斯的論點。實證資料顯示，治療師若能秉持這些關鍵態度，和病人的關係會更有建設性。其他資料也證實，比起欠缺這些特性的教師，體現這些特質的教師能夠培養更傑出的學生成就。

透過表現這些特質，醫護人員也能提高病人恢復健康的機會。秉持這些態度的經理人，能夠激發員工更大的動力和更少的抗拒。具備這些特質的業務員，通常擁有較感到滿意的顧客，而這會明確反映在銷售數字上。真誠、不占有的愛和同理，也是令人滿足的婚姻和有益親子關係的基石。

溝通從基本態度出發，高效溝通需要明確的方法和技巧才能達成。**唯有能夠促進表現基本人性特質的技**

巧，才是真正有用的溝通技巧。**精通溝通話術，但欠缺真誠、愛和同理的人，終會發現他們的說話技巧難以致用，甚至有害。**溝通技巧固然重要，但是光憑技巧並無法營造令人滿意的關係。

真誠

真誠的意思是做真正的自己，沒有過分虛假的掩飾或假面。真誠的人會在恰當的時機，表達他們感受到的情感。真誠的人在和他人相處時，也能自然而然做真實的自己。

反觀與這種特質格格不入的人，會有意無意隱瞞自己真正的想法、感覺、價值觀和動機。這樣的防衛和隱瞞，會阻礙他們的自我意識。很快，他們最真誠、最自然的部分也會深埋心底，深到他們再也認不出來。

真誠是所有重要關係的必備條件。缺乏真誠，我就沒有辦法跟其他任何人有密切的交流。我必須勇敢做自己，才能真正與你連結、建立深刻關係。

不過，沒有人能夠完全揭露自我，每個人至少都會在部分時刻保護自己。事實上，「人格」（personality）這個單字，源於拉丁文的「persona」──演員的面具。真誠的人明白徹底揭露自己是不可能、也不明智的，但會努力做到負責任的誠實，對他人坦誠相待。

真誠有三大要素：自我意識、自我接納、自我表達。

自我意識

　　十九世紀知名政治漫畫家湯瑪斯‧納斯特（Thomas Nast），曾和一群朋友參加一場派對。有人請他幫在場每個人畫一幅漫畫，他拿鉛筆技藝精湛地畫了幾筆。畫完，那些速寫拿給客人傳閱供指認。每個人都認得出別人，卻幾乎沒有人認得出自己的肖像。

　　了解自己雖然不容易，但是這項能力顯然很可能成長，坊間有很多促進自我了解的技巧可以參考學習。[3]

　　要增進自我意識，最重要的是明白：其實你相當了解自己，只是沒有充分運用這份了解。我們太常忽略內在自我的訊息，就算它們已經讓人聽見，我們仍然充耳不聞。比如，你可能覺得孤單，於是打開電視，想藉此轉移注意力，不再惦念這種不愉快的感覺。也有人可能覺得自己無足輕重，於是變成工作狂來驅散這種意識。要遵從蘇格拉底「認識你自己」（know thyself）的箴言，最便捷的辦法就是拒絕忽視那些關於自我的意識，哪怕只是心裡隱約感覺到的。

自我接納

　　人之所以忽略內在激動，主要是因為他們不會全然接受自己的感覺和想法。很多人以自己的憤怒或性衝動、性幻想為恥。雖然這些是正常生活的一部分，很多人至少部分天生認為自己的這些面向是「壞的」或「不可接受的」。有時，我們會拿自己跟別人對我們展現的

假面相比；我們可能會嚇唬自己，變得更不願接納自己。

很多類型的經驗都可能增進自我接納。找個真誠、有見地、善解的治療師進行心理治療，結交善於接納的朋友，以及其他許多人生經驗，都有助於建立自我接納。

接受溝通技巧的訓練，也能提升自我接納。我們研討會的許多參與者表示，對他們來說，最重要的訓練成果就是：他們更能自在地看待自己的感覺，以及傾聽、理解他人的感覺。除了其他好處，有效溝通的能力，似乎也能提高人們的自尊。

自我表達

自我表達是真誠的第三要素。能夠體現這個特質的人，察覺得到自己內心最深處的想法和感覺，全盤接受，也會在恰當時機負責任地分享。即便在極度焦慮的情況下，他們也能以坦白、消除敵意的方式，透露自己當下的感覺。著作對此領域影響深遠的大衛．鄧科姆（David Duncombe）指出，一個真誠的人的率真開朗，會觸及人生的每一個層面。[4]

喪親、憂慮或困窘時，真誠的人能夠透露大部分的感覺。當他們的行動違背了自己或他人的期望，他們可以坦承缺失。他們也可以毫不忸怩地表達喜悅，並大方暢談自己的成就。

善於自我表達的人生氣時，能以最可能排解挫折、消除誤會、重建和改善關係的方式表達。他們可以不帶歉意或辯解，負責任地表達情感。

每個人都有矛盾的感覺，真誠的溝通者雖然不會把自己產生的每一種感覺都表現出來，但不論友誼、婚姻和工作帶給他們多少滿足和挫折，他們都可以侃侃而談。如有需要，他們也能如實表達哀傷。如果感受到喜悅，他們也不吝一談。

真誠不會單獨存在，愛和理解會創造出滋養真誠的氣候，而這些特質會讓真誠的溝通成為美好、而非殘酷的事情。對於真誠可以如何發展，最可愛的描述莫過於《絨毛兔》（*The Velveteen Rabbit*）這個經典兒童故事：

> 「什麼是真的？」絨毛兔問：「意思是不是身體裡有東西會嗡嗡叫？而且身上還有凸出來的轉軸？」
>
> 真皮馬回：「『真的』跟你是用什麼做的無關。當一個小孩愛你很久很久，不只是和你玩，而是真的很愛你的時候，你就會變成真的了。那不是突然一次發生的。……一般來說，當你變成真的時候，身上大部分的毛都會因為被愛而掉光，眼睛也會脫落，身上接合的地方還會鬆開，全身變得破破舊舊。可是，這些都無所謂，因為一旦變成真的，除了不了解狀況的人，是不會有人嫌你醜的。」[5]

不占有的愛

很多詞彙被拿來形容我所謂的「不占有的愛」——可以促進有意義溝通的第二個關鍵特質。一些最常用的標籤，諸如尊重、接納、正向關懷，只傳達了我想要傳達的部分意思。

卡爾·羅傑斯說，「愛」這種特質就是「愛人們現在的樣子」，只要「我們了解『愛』（love）這個字是……『agape』*的同義詞，而非它平常浪漫、占有的意思。」[6]精神科醫師卡爾·梅寧格（Karl Menninger）把這個特質描述為：一個人的耐心、公平、一貫、理性和仁慈——簡單地說，就是對他人「真正的愛」。[7]

　　古希臘人把愛分成三種。第一種：「philia」，代表友誼。很多古代人認為「philia」是所有愛之中最幸福、也最有人性的一種。[8]

　　「Eros」是深情的愛，那包括創造和生育的愛的動力，但涵蓋的範圍遠大於性愛。這是羅密歐與茱麗葉的愛，或是《西城故事》（West Side Story，莎士比亞愛情故事的現代版）裡湯尼與瑪麗亞的愛。

　　「Agape」這種愛，則是關心他人的幸福與福祉。華爾多·畢奇（Waldo Beach）和理查·尼布爾（H. Richard Niebuhr）指出，這種愛「不是喜歡的情緒性情感，不是浪漫吸引、尋求愛的回報，也不是一種講究智識的態度」，而是「願意將自我奉獻給鄰人」。[9]

　　最有意義的人際關係，不只擁有其中一項要素。浪漫伴侶之間的愛，或許是從「eros」開始的，經由「philia」變得豐富，又透過「agape」的承諾趨於穩定。這本書的獻詞提到我和內人朵特的關係，就囊括了這三種要素。

＊希臘文，指「（精神上的）愛；愛的本質。」

愛未必是喜歡

　　我們不時會迎面遇到像這樣的基本議題：我要怎麼去愛一個我根本不喜歡的人？老師常相信他們該關愛班上每一個孩子，然而班上一定會有他們不喜歡的學生。有些經理認為他們該喜歡每一名部屬，卻免不了發現自己討厭其中某些員工。爸媽常相信自己該公平地愛自己的孩子，但是當他們意識到自己的感覺時，或許就會承認自己偏愛某一個孩子。或者，在孩子成長的某些階段，爸媽就是沒辦法真心喜歡孩子。劇作家洛林・漢斯伯里（Lorraine Hansberry）在《日光下的葡萄乾》（*A Raisin in the Sun*）處理了這個挑戰。成年的兒子華特敗光家裡的錢，還踐踏家人的尊嚴。他的妹妹對他大發雷霆，心中只剩輕蔑。他的母親也感到受傷和失望，但她知道就算喜歡幾乎消失殆盡，愛仍可以存留下去。在此危急關頭，她提醒一家人「agape」的要義：

> 總會遺留什麼值得愛。如果沒學會這點，就是什麼也沒學會。你今天是否為那個男孩哭泣了？我不是說為你自己或為這個家而哭，因為我們損失了那些錢。我是說為他而哭；為他的遭遇，為他承受的後果而哭。孩子，你覺得我們什麼時候最愛某個人呢？他們表現良好，讓大家樂得輕鬆的時候？這樣的話，你還有得學──因為不是這種時候。是他處在最低潮時，因為被世界徹底擊潰，沒辦法再相信自己的時候。當你開始衡量某個人，要量對啊，孩子，要量對啊。務必把他來到這裡之前走過的山丘和低谷算起去。10

所幸，愛和喜歡通常攜手同行。但是，當兩者各走各的時，我們也可以像華特的母親愛他那般，愛我們不喜歡的人。

接納是愛的重要表現

接納最好的定義是：對他人抱持**中立**的態度。當我們願意接納時，會營造出一種大致未受汙染的氣氛——沒有受到對他人思想、感覺或行為的評價汙染。其他人可能會哭、會笑或表現憤怒——就算我們不喜歡他們的**行為**，仍舊可以接受他們。基於這個理由，我有時會稱接納為「儘管的愛」（in-spite-of-love）。**儘管**對方的行為和觀點不符合、甚至牴觸我的價值觀，我仍可以為他提供中立的氛圍。

我們全都需要接納。沒有人十全十美，我們全都沒有達到應有的水準。人人都有未善盡責任的時候。我們全都幹過傷害自己和他人的事情。當我沒有做到最好的自己時，他人的接納助我明白，雖然我並非盡善盡美，雖然我怪裡怪氣，這樣的我仍能被愛。接納會滋養有益的自愛，協助調動我的資源來徹底發揮我的潛力。

在我努力提升接納的能力時，我發現了解幾個關於人性的事實很有幫助：

1. **有些人本來就比較容易接納他人。**若干事實，包括早期家庭經驗，都會影響一個人整體的接納程度。

2. **一個人的接納程度也會不時改變。**湯瑪斯‧戈登

指出，自我的轉變、他人的轉變，以及環境的變化，都會導致接納程度變動。[11]例如，在我們休息充足、不趕時間、心情愉悅的時候，就會比不高興、疲倦、緊張和倉促時更容易接納他人。人際關係不可能始終如一，與其追求這個不可能的目標，更可行的做法是努力讓我們的內在感受及反應，更適合我們身處的情境。

3. **每個人都可以變得更善於接納。** 接納的旅程，就是成長的旅程。本書分享的一些技巧和方法，可以幫助人們擴充接納的能力。

4. **假裝接納會傷害他人、損害關係。** 有些人假裝接受他人的行為，卻只是在扮演「好父母」或「良師益友」的角色。他們試著表現接納，心裡卻不是真正接納。如果你無法真心接納他人，最好向對方坦承。雖然這樣的誠實可能會帶來衝突，但雙方也可能和好，最終建立更有意義的關係。

5. **接納不是認同的同義詞。** 我可以接納他人的感覺，而不認同他們的行為。改寫一句俗諺：就算不認同罪人犯的罪，我們仍可能愛罪人。

尊重：愛的另一個核心要素

真誠的愛，會尊重宗教哲學家馬丁・布伯所謂的「他人基本的他性（otherness）。」那承認他人的隱私不可侵犯，支持他人的自我引導，培養對方更大的潛力、而非更深的依賴性。愛會維持關係裡的敬重——保持一

段適當距離。

真正的愛不是打擾，不會侵犯他人的隱私，不會試圖把愛強加在他入身上。

爸媽常想要刺探孩子的生活。幼童有個習於自我揭露的時期，而爸媽想要加以延長，但孩子也有發展隱私生活的心理需求。有些事情他們需要保密，不讓爸媽和其他人知道。當一個孩子變得比較封閉，爸媽時常感到挫折、心煩而開始拿一大堆問題刺探孩子／青少年。

每個人個體性的發展取決於：對於他自己挑選的部分人生，他能否保守祕密。瑞士著名心理治療師保羅‧杜尼耶（Paul Tournier）寫了一本令人讚嘆的小書《祕密》（*Secrets*），他在書中指出：

> 擁有祕密、知道如何保守祕密、唯有心甘情願時才洩露，是個體形成的第一項行動……。尊重他人的祕密——不論他是誰，就連你自己的小孩也不例外——就是尊重他的個體性。侵犯他的私生活，妨礙他的祕密，就是侵犯他的個體性……。每一個人，要感覺被視為一個獨立個體而得到尊重，就需要覺得可以毫無拘束地說出自己想說的話，保守想保守的祕密。12

真誠的愛不會擅自進入別人生活的祕密領域。**真正的愛會支持他人自我引導，走自己的路**。真誠的愛會固執地避免占有、宰制或強加價值觀。卡爾‧羅傑斯為心理治療師提出的問題，與我們每個人切身相關：

我們是否尊重他人自我引導的能力和權利？或者，

我們基本上相信，他們的人生最好由我們指引？我們是否有主宰他人的必要和渴望？又到何種程度？我們願意讓個體選擇自己的價值觀嗎？或者，我們的行動受到這種（通常沒有明說的）信念左右：如果他允許我們幫他挑選價值觀、標準與目標，他會過得最幸福美滿嗎？13

真誠的愛可以培養他人強大的潛力。那會降低依賴性，不會與對方的弱點同謀，而會喚醒對方的長處。愛不會為對方做那些該由他們為自己做的事。真正的愛是高度自律的關愛，會讓人忍住不以種種極具誘惑力，卻往往會削弱對方的方式伸出援手。

愛會維持關係裡的敬重──保持一段適當距離。人們常把愛視作親密，雖然那當然也是愛的重要層面，但愛也需要距離。理查・尼布爾寫道：

> 愛是敬重：愛就連靠近時，也會保持距離；它不會企圖用自我吞沒他人，也不想被他人吞沒；它在他人的他性裡欣喜；它希望摯愛做自己，不會試圖把對方重新塑造成自我的複製品，或是把對方當成自我提升的工具。敬重的愛……會試圖了解對方，不為滿足好奇，也不為獲取權力，而是滿心歡喜、驚嘆不已。在所有這樣的愛之中，都包含……對摯愛他性的深切尊重，打從心底不願侵犯對方的完整性。14

同理

同理是能夠豐富人際溝通的第三項關鍵特質。

十八世紀中期，一位名叫約翰・伍曼（John Woolman）

的貴格會廢奴人士，赤腳從巴爾的摩走到費城。他這麼做，是為了親身經歷非裔奴隸被迫光著腳長途跋涉的苦。透過體驗奴隸經驗的一個面向，他更加了解奴隸生活的一個層面。他有同理心。

克里夫蘭一家鋼鐵公司的高階主管辭去職務，去另一座城市應徵按日計酬的工人。有些朋友認為他「行事怪異」。後來，與勞工並肩工作、盡可能體驗他們的人生後，他能以截然不同的觀點看待勞工問題。再後來，他進入勞資關係領域，成為著名的權威，部分原因正是他理解勞工的困境。他有同理心。

南北戰爭結束時，許多北方人對南方人恨之入骨，想要強迫實行懲罰式的和平，林肯總統致力於當全美的總統，做到「對任何人都不懷惡意，對所有人都抱持善心。」他是如何避免和疏導在北方如此普遍的復仇心態呢？從他對一個朋友說的話可略知一二：「我不是**因為**南方而受苦，我是**和**南方一起受苦。他們的苦痛，也是我的苦痛。他們的失去，也是我的失去。」他有同理心。

「Empathy」（同理心）這個單字，是從德國心理學家常用的「einfühlung」來的，原意為「感同身受」，也就是能像他人了解自己一樣理解他人。有同理心的人，能夠「爬進對方的皮膚裡」，透過對方的雙眼看世界。他們能夠不先入為主、不帶評斷地傾聽他人，聆聽對方選擇呈現的故事，注意那個故事對對方的特殊含義。

從冷漠、同理到同情

我覺得透過從冷漠到同情的演變，更容易了解同理。

冷漠	同理	同情
「我不在乎。」	「你今天好像真的很沮喪。」	「可憐的傢伙……」
「那是你家的事。」	「聽起來那傷你傷得很重。」	「我替你覺得難過！」

冷漠（apathy）在字典裡的定義是：「沒有感覺、興趣缺缺或不關心。」冷漠的時候，我絲毫不為所動。

同情位於光譜的另一端，這是過度投入對方的情緒。我在告別式見過許多沉浸於悲傷的同情者，悲不可抑到喪家還得轉換角色，安慰他們。

同情（sympathy）的定義是「**為**對方產生感覺」，同理則是「**和**對方一起感覺」。同情有可能是倨傲的，常傳達「喔……你這可憐的小東西」的態度。若真是如此，它會使聽到這句話的人更加脆弱。同理一般會伴隨同情而來也沒錯。同理的比重愈高，對同情或同理的感受就可能愈有建設性。

同理是與對方的經驗同在，但仍保持些許隔離。那需要體驗對方的感覺，卻不失去自己的認同。那需要精確回應對方的需求，但不受影響。有同理心的人感受得到對方的傷痛，但不會因此喪失能力。

同理的三大要素

同理的定義，大多暗示這項特質有三大要素。

首先，善於同理的人能敏銳且精確地理解對方的感受，同時與對方保持某種距離。

其次，同理意味了解是什麼樣的情境造成或觸發那些感覺。哲學家米爾頓·梅洛夫（Milton Mayeroff）對同理的這兩種要素，有相當詩意的描述：

> 要關照他人，我必須能夠理解他和他的世界，彷彿我身在其中。必須能用他的眼睛看他的世界對他是何模樣，看他是如何看待他自己。不僅要從外面超然地注視他，像在注視一件標本，也必須能夠和他一起置身於他的世界、「進入」他的世界，從「裡面」看人生對他有何意義、他為了什麼奮鬥，以及他需要培植什麼。[15]

最後，有同理心的人會用能讓對方覺得被接納、被理解的方式和對方溝通。**如何傳達有同理心的理解至關重要**。威廉·路易斯（William Lewis）和韋恩·維格（Wayne Wigel）寫道：

> 如果我們打算促使對方產生被理解的感覺，重要的不是取得大量和對方有關的資訊，而是要幫助對方明白，我們能夠像他們那樣感知他人和情境。[16]

前文已經在第3章到第7章討論培養對他人的同理理解，以及有助於傳達那種理解的具體方法。研究顯示，同理是一股強大的善的力量。極富同理心的老師，比同

理心不足的老師，更能促進學生學業進步。卡爾‧羅傑斯說，要培育個人成長，以及「改善一個人與他人的關係和溝通」，同理是「我們所知最有效的媒介。」[17]

同理不僅能促使他人做出有建設性的改變，也能幫助我們正向地發展自我。透過秉持同理心與他人接觸，我們的視野拓寬了，我們的情感也更敏銳、更深刻了。有些心理學家相信，同理是判斷心理成熟的最佳指標。

實踐核心態度

真誠、不占有的愛和同理，是有助於改善人際關係的三種關鍵態度。「態度」在字典裡的定義是：「對某個目標的心智或情感傾向。」一旦欠缺這三種態度，人際關係就會受損；若具備這三種基本態度，關係就會發展得很好。我相信，真誠、不占有的愛和同理，是理想溝通的必要條件。

但是，僅抱持這些態度的成效有限。真誠、不占有的愛和同理，若不傳達給對方知道，對一段關係也起不了作用。這些態度必須透過行為表現，仰賴一些強有力的關鍵技巧，其中許多基本的人際技巧已在前文中傳授。

在我看來，現代文化最大的不足，就是善於展現這些重要態度的人太少了。太少人被教導可用來展現獨特性，以及對他人真摯關愛和理解的方法了。偏偏要實現個人成就與職業效能，這些技巧不可或缺。

固然有些人對溝通技巧不屑一顧，但也有人太過拘泥，相信唯一的傾聽之道就是一絲不苟地套用某條公

式，唯一的自我維護方法則是一字不差地援用另一項公式。培養溝通技巧的準則，固然對多數人彌足珍貴，但也務須記得，要表現真誠、不占有的愛或同理，絕對不是只有一種方式。當我們愈努力培養溝通能力，就會見到愈多種有建設性的替代方案可以運用。畢竟，我們的目標是在人際關係裡，獲得更多能發揮創意且負責任的自由。

人們有時會懷疑：「要是我缺乏這些核心能力怎麼辦？我的人際關係注定好則乏味，壞則毀滅嗎？」

請記得：每個人多多少少都有這些態度。精神醫學先驅阿德勒（Alfred Adler）曾說，人人心裡都有**天生**的社交感覺，一種不可避免的同理特質。有些核心態度或許已因久未使用而萎縮，有些可能被我們對人生經驗的反應給封鎖，但沒有人完全欠缺這些特質。

當我們透過有效的溝通技巧，表達我們的態度，態度就會被強化、獲得滋養。當我們愈加練習愛的藝術和技能，就會變得愈有愛。我的親身經歷和我對受訓學員的觀察讓我深信，學習並應用本書教你的技巧，就能增進真誠、不占有的愛和同理的態度。

本章摘要

溝通技巧，不論刻意營造得有多細膩，都不可能取代真誠、關愛和同理。妥善掌握有效的溝通技巧，可以幫助我們比以前更有效地展現這些特質。只要表現出來，這些核心特質就能自我滋養與強化。**隨著我們更真**

誠、更有愛、更富同理心溝通，我們就能逐漸成長、成
為我們可以成為的那個人。

開始應用你的人際技巧

　　閱讀學習溝通技巧是一回事,有效應用在日常生活中又是另一回事。在指導數以千計的學員溝通技巧時,我發現有五大因素會強烈影響這些技巧在實際生活中的應用,包括:1.)承諾量化使用;2.)在適當情境應用;3.)願意在偶爾面臨失敗時堅持不懈;4.)告知他人,你有時會嘗試改變溝通方式,請他們做好準備;以及5.)參加技能訓練。

承諾量化使用

　　一如其他諸多事務,在人際溝通領域,人往往想得多做得少。因此,一般讀者在看完這本書後可能會想:「我要來好好琢磨每一種技巧,改善我和那些重要的人的關係。」但實際上,在嘗試運用幾次之後,很多人可能就會回到以往那些成效多半不佳的溝通方式的溫暖懷抱。

　　我在教人溝通技巧時(就像我在這本書教你的這樣),會強烈要求那個人**承諾**每星期都要使用每一種技巧**達特定數量**,而且一連三個月。不拿特定數量來要求自己,你很容易認為自己已經用了很多技巧,但其實沒

有那麼多。下列是「承諾表」的一例：

我承諾要運用這些溝通技巧

日期：　　　　～

姓名：

技巧	承諾	10月		11月				12月					1月	
		使用頻率（週別）												
		20	27	3	10	17	24	1	8	15	22	29	5	12
表現專注	每週5次	6	4	5	0	3	12	8	3	4	6	14	6	4
反映式傾聽	每週2次	3	2	1	0	4	6	3	3	1	2	0	4	3
自然發生的合理結果	每月2次	1	0	1	0	1	1	0	1	1	0	1	0	0
三段式自我維護	每週1次	3	2	3	1	2	1	1	1	0	1	0	2	1
描述式肯定	每週4次	4	3	0	0	0	14	5	6	4	7	18	8	9
衝突化解法	每月2次	0	1	1	0	1	0	0	1	2	0	1	0	0
合作解決問題法	每月2次	1	0	2	0	0	1	2	0	1	1	0	1	1

選擇適當的情境

剛接觸本書指導的技巧時，人們常想在生命中最艱難的一些人際問題上試用。他們可能會在最可能觸發他們發表評斷或給予建議的情境中使用反映式傾聽，也可能會找最不可能妥善回應自我維護訊息的人自我維護。

就像今天才開始慢跑、明天就去參加馬拉松，這樣未免過於求成。若你還沒在沒那麼戲劇性的場合試用和掌握某些技巧，就貿然在困難的情境中運用，實非明智之舉，很容易受挫。

願意堅持下去

這些技巧不是萬靈丹，若能善用，獲致成功且豐富關係的機率相當高。但是，就連最有技巧、最真誠的傾聽者，偶爾也會嘗到敗績。

你應該還不是世上技藝最精湛的溝通者，如果連專家都難免失利，你當然也會鎩羽而歸。當運用這些技巧成效不彰時，你有兩種選擇：放棄，或思考哪裡出錯，並且記取教訓、下次改過來。任何致力於發展某種技能的人，都必須在偶爾面臨失敗時堅持不懈。

請他人做好改變的準備

我們的研究顯示，在你學習溝通技巧後，先找你可能使用那些技巧的對象、告知你的意圖是有幫助的。請告訴他們，你會試用一些新的溝通方法、為什麼要這麼

做，以及方法有哪些。

在參與人際技巧研討會後，一位參與者邀集直系部屬開會，告知他們課程的內容，以及她希望把那些技巧應用在工作上。她承認，她尚未充分了解那些技巧，可能會在關鍵時刻忘記使用。她也表明，那些技巧有時可能看似怪異，甚至毫無效果。在她半開玩笑地說：「反正事情不可能更糟了！」之後，眾人同意支持她發展新技能。

技能訓練

拓展技能的研討會，可能是精進你的溝通能力的重大資產。這本書雖然敘述了很多溝通概念，也探討了最重要的溝通方法，但是看書和在研討會情境學習不大一樣。在研討會上，訓練講師會示範技巧，也有練習和回饋的時間。多數人覺得，訓練技能的研討會，對於增進人際效益非常有幫助。

總結

一如培養任何新習慣或鍛鍊任何新技能，「用進廢退」的箴言也適用於溝通技巧。在你剛開始使用這些新技能時，請製作一張承諾表來對自己負責。挑選你可以有自信地練習技巧的適當情境。下定決心，在偶爾遭遇困難時堅持下去，並事先讓你要互動的對象知道，你想要改變你的溝通方式。如果你這麼做了，並且持之以恆，你會獲得更有效的對話、更豐富的人際關係等報

酬，也會更深入了解自己的能力，以及各種你從前覺得
不可能、卻會對你的世界造成正向衝擊的方式。

注釋

序言 讓溝通不再那麼困難

1. William Turner, *A New Herball Wherein Are Contayned the Names of Herbes* (London, 1551).

第一部 導論

1. George Gazda, *Human Relations Development: A Manual for Educators* (Boston: Allyn & Bacon, 1973), p. 34.

第1章 消弭隔閡的人際技巧

1. Richard Wright, *The Outsider* (New York: Harper & Row, 1969).

2. Karl Jaspers, *The Way to Wisdom* (New Haven: Yale University Press, 1951), p. 147.

3. David Riesman, Nathan Glazer, and Reuel Denney, *The Lonely Crowd: A Study of the Changing American Character* (New York: Doubleday, 1950).

4. T. S. Eliot, *The Cocktail Party* (New York: Harcourt Brace Jovanovich), p. 140. Copyright 1950.

5. Virginia Satir, *Peoplemaking* (Palo Alto, CA: Science and Behavior Books, 1972), p. 197.

6. Gabriel Marcel, *The Mystery of Being* (Chicago: Regnery, 1960).

7. Carl Rogers, *On Becoming a Person: A Therapist's View of Psychotherapy* (Boston: Houghton Mifflin, 1961), p. 330. Copyright©1961 by Carl R. Rogers. Reprinted by permission of Houghton Mifflin Co., and that of Constable Publishers, London.

8. *Second Chance* (Nutley, NJ: Hoffmann-La Roche Laboratory). (Training video, not to be confused with motion pictures of the same name.)

9. Erich Fromm, *The Art of Loving* (New York: Harper, 1956), p. 83.

10. Gerard Egan, *The Skilled Helper: An Introduction to Systematic Counselor and Human Relations Training* (Monterey, A: Brooks/Cole, 1975), p. 22. Copyright©1975 by Wadsworth Publishing Company, Inc. Reprinted by permission of the publisher, Brooks/Cole Publishing Company, Monterey, California 93940.

11. Charles B. Truax and Robert Carkhuff, *Toward Effective Counseling and Psychotherapy* (New York: Aldine/Atherton, 1967), p. 108.

12. Robert Havighurst, *Developmental Tasks and Education* (New York: Longmans, Green, 1952); Erik Erikson, *Childhood and Society* (New York: Norton, 1964).

13. Alvin Toffler, *Future Shock* (New York: Random House, 1970). 托佛勒說，面對未來，我們需要的三種「生存技能」，其中一項就是學會如何與人交流連繫。

14. H. Richard Niebuhr, *The Purpose of the Church and Its Ministry* (New York: Harper and Brothers, 1956), p. viii.

第2章 溝通不良的13種常見路障

1. Reuel L. Howe, *The Miracle of Dialogue* (New York: Seabury Press, 1963), pp. 23–24. Copyright©1963 by the Seabury Press, Inc.

2. Thomas Gordon, *Parent Effectiveness Training: The "No-Lose" Program for Raising Responsible Children* (New York: Peter H. Wyden, 1970), pp. 44, 108.

3. Carl Rogers, *Client-Centered Therapy: Its Current Practice, Implications, and Theory* (Boston: Houghton Mifflin, 1951), esp. p. 31. See also Carl Rogers, *On Becoming a Person: A Therapist's View of Psychotherapy* (Boston: Houghton Mifflin, 1961). Copyright©1961 by Carl R. Rogers. Reprinted by permission of Houghton Mifflin Co. Howe, *The Miracle of Dialogue*, pp. 18–35. Haim Ginott, *Between Parent and Child: New Solutions to Old Problems* (New York: Macmillan, 1965). See also Ginott's *Between Parent and Teenager* (New York: Avon, 1969) and *Teacher and Child: A Book for Parents and Teachers* (New York: Macmillan, 1972). Jack Gibb "Defensive Communication," in *Leadership and Interpersonal Behavior,* edited by Luigi Petrullo and Bernard M. Bass (New York: Holt, Rinehart and Winston, 1961), pp. 66–81.

4. Gordon, *Parent Effectiveness Training*, pp. 41–47, 108–117, 321–327.

5. Rogers, *On Becoming a Person*, p. 330. Copyright©1961 by Carl R. Rogers. Reprinted by permission of Houghton Mifflin Co.

6. Ibid., pp. 330–331. Copyright©1961 by Carl R. Rogers. Reprinted by permission of Houghton Mifflin Co.

7. Clark Moustakas, *Individuality and Encounter: A Brief Journey*

into Loneliness and Sensitivity Groups (Cambridge, MA: Howard A. Doyle, 1971), pp. 7–8.

8. Ginott, *Between Parent and Teenager*, p. 113.

9. David Augsburger, *The Love Fight* (Scottsdale, PA: Herald Press, 1973), p. 110.

10. Jacques Lalanne, "Attack by Question," *Psychology Today*, November 1975, p. 134.

11. Norman Kagan, *Interpersonal Process Recall: A Method of Influencing Human Interaction* (Ann Arbor: Michigan State University Press, 1975), p. 29.

12. Dag Hammarskjold, *Markings* (New York: Knopf, 1964), p. 190.

13. Ginott, *Between Parent and Child*, pp. 29–30.

第二部 傾聽的技巧

1. Quoted in Ralph Nichols and Leonard Stevens, *Are You Listening?* (New York: McGraw-Hill, 1957), p. 49.

第3章 不只是聽到，高效傾聽

1. A letter from a patient quoted in Paul Tournier, *The Meaning of Persons* (New York: Harper & Row, 1957), p. 165.

2. Ralph G. Nichols and Leonard A. Stevens, *Are You Listening?* (New York: McGraw-Hill, 1957), pp. 6–7.

3. Ibid., pp. 6–10.

4. Ralph G. Nichols and Leonard A. Stevens, "Listening to People," *Harvard Business Review*, September–October 1957.

5. Franklin Ernst, Jr., *Who's Listening? A Handbook of the*

Transactional Analysis of the Listening Function (Vallejo, CA: Addresso'set, 1973).

6. John Drakeford, *The Awesome Power of the Listening Ear* (Waco, TX: Word, 1967), p. 17.

7. Allen Ivey and John Hinkle, "The Transactional Classroom," unpublished manuscript, University of Massachusetts, 1970.

8. Norman Rockwell, "My Adventures as an Illustrator," edited by T. Rockwell, *Saturday Evening Post*, April 2, 1960, p. 67. 甘迺迪總統也有這種能力。See Drakeford, *The Awesome Power of the Listening Ear*, p. 65.

9. Albert Scheflen with Norman Ashcraft, *Human Territories: How We Behave in Space-Time* (Englewood Cliffs, NJ: Prentice Hall, 1976), pp. 6, 42.

10. C. L. Lassen, "Effect of Proximity on Anxiety and Communication in the Initial Psychiatric Interview," *Journal of Abnormal Psychology* 18 (1973): 220–232.

11. Ernst, *Who's Listening?* p. 113.

12. Charles Truax and Robert Carkhuff, *Toward Effective Counseling and Psychotherapy: Training and Practice* (New York: Aldine/Atherton, 1967), pp. 361–362.

13. Paul Ekman and Wallace Friesen, *Unmasking the Face: A Guide to Recognizing Emotions from Facial Expressions* (Englewood Cliffs, NJ: Prentice Hall, 1975), pp. 14–16.

14. Silvan Tomkins, in *Challenges of Humanistic Psychology*, edited by James Bugental (New York: McGraw-Hill, 1967), p. 57.

15. Anthony G. White, *Reforming Metropolitan Governments: A Bibliography* (New York: Garland, 1975).

16. Allen Ivey, *Microcounseling: Innovations in Interviewing Training* (Springfield, IL: Thomas, 1975).

17. John Moreland, Jeanne Phillips, and Jeff Lockhart, "Open Invitation to Talk," manuscript, University of Massachusetts, 1969, p. 1.

18. Eugen Herrigel, *The Method of Zen*, edited by Hermann Tausend and R. F. C. Hull (New York: Pantheon, 1976), pp. 124–125.

19. Halford Luccock, *Halford Luccock Treasury*, edited by Robert Luccock Jr. (New York: Abingdon, 1963), p. 242.

20. Quoted in Nathan Scott, *Man in the Modern Theater* (Richmond, VA: John Knox, 1965), p. 86.

第4章 反映式傾聽的四種技巧

1. Peter Senge, *The Fifth Discipline Fieldbook: Strategies and Tools for Building a Learning Organization* (New York: Currency Doubleday, 1994), p. 377.

2. William James, *Varieties of Religious Experience* (New York: Longmans, Green, 1902), p. 397.

3. Norman Kagan, *Interpersonal Process Recall: A Method of Influencing Human Interaction* (Ann Arbor: Michigan State University Press, 1975), pp. 60–62. 凱根教授繼續說明，由於人類天生擁有一些能力解讀感覺和情緒，不需要被教導該怎麼做。但我相信，我們大多數人都可以透過教育過程改善這項能力，這也是凱根教授課程的設計目的。

4. Robert Carkhuff, *The Art of Helping: A Guide for Developing Helping Skills for Parents, Teachers, and Counselors* (Amherst, MA: Human Resource Development Press, 1973), p. 78.

人際技巧 People Skills

5. Ernest Jones, *The Life and Work of Sigmund Freud*, edited and abridged by Lionel Trilling and Steven Marcus (New York: Basic Books, 1961), p. 253.

6. Quoted in Gerard Egan, *The Skilled Helper: A Model for Systematic Helping and Interpersonal Relating*, (Monterey, CA: Brooks/Cole, 1975), p. 139. Copyright©1975 by Wadsworth Publishing Company, Inc. Reprinted by permission of the publisher, Brooks/Cole Publishing Company, Monterey, California 93940.

第5章 反映式回應為什麼有效？

1. Richard Bandler and John Grinder, *The Structure of Magic: A Book about Language and Therapy* (Palo Alto, CA: Science and Behavior Books, 1975), 1:22–23.

2. Alfred North Whitehead, *Adventures of Ideas* (New York: Mentor, 1933), p. 286.

3. Quoted in *Life*, October 14, 1966.

4. T. S. Eliot, "Burnt Norton," *Four Quartets* (New York: Harcourt Brace Jovanovich, Inc., 1952). Copyright 1952.

5. John Drakeford, *The Awesome Power of the Listening Ear* (Waco, TX: Word, 1967), pp. 19–20.

6. Perry London, *Behavior Control* (New York: Harper & Row, 1969), p. 88.

7. Jiddu Krishnamurti, *The First and Last Freedom* (New York: Harper and Brothers, 1954), p. 19.

8. Thomas Carlyle, *Sartor Resartus* (New York: Stokes, 1883), p. 172.

第6章 解讀身體語言：掌握重要的非言語線索

1. Julius Fast, *Body Language* (New York: Pocket Books, 1971), pp. 7–8. Copyright©1970 by Julius Fast. Reprinted by permission of the publishers, M. Evans and Company, Inc., New York, New York 10017.

2. Randall Harrison, "Nonverbal Communication: Exploration into Time, Space, Action, and Object," in *Dimensions in Communication: Readings*, edited by James Campbell and Hal Hepler (Belmont, CA: Wadsworth, 1970), p. 258.

3. Albert Mehrabian, "Communication Without Words," *Psychology Today*, September 1968, p. 53.

4. Paul Ekman and Wallace Friesen, *Unmasking the Face: A Guide to Recognizing Emotions from Facial Clues* (Englewood Cliffs, NJ: Prentice Hall, 1975), p. 18.

5. Gerard Egan, *The Skilled Helper: A Model for Systematic Helping and Interpersonal Relating* (Monterey, CA: Brooks/Cole, 1975), p. 63.

6. D. Huenegardt and S. Finando, "Micromomentary Facial Expressions as Perceivable Signs of Deception," paper presented to Speech Association of America, New York, quoted in C. David Mortensen, *Communication: The Study of Human Interaction* (New York: McGraw-Hill, 1972), pp. 222–224.

7. Ralph Nichols and Leonard Stevens, *Are You Listening?* (New York: McGraw-Hill, 1957), p. 59.

8. Quoted in John Woolman, *The Journal of John Woolman*, edited by Janet Whitney (Chicago: Henry Regnery, 1950), p. 132.

9. Rollo May, *Love and Will* (New York: Norton, 1969), p. 241.

10. Len Sperry, *Developing Skills in Contact Counseling* (Reading, MA: Addison-Wesley, 1975), p. 40.

11. Erle Stanley Gardner, "How to Know You're Transparent When You'd Like to Be Opaque," *Vogue*, July 1956, pp. 45–47.

12. Abne Eisenberg and Ralph Smith Jr., *Nonverbal Communication* (Indianapolis: Bobbs-Merrill, 1971), pp. 34–35.

13. Edward Sapir, "The Unconscious Patterning of Behaviors in Society," *Selected Writings of Edward Sapir in Language, Culture, and Personality*, edited by David Mandelbaum (Berkeley: University of California Press, 1949), p. 556.

第 7 章 如何提升反映技巧，成為更棒的聆聽者

1. David Augsburger, *The Love Fight: Caring Enough to Confront* (Scottdale, PA: Herald Press, 1973), p. 23.

2. Carl Rogers, *On Becoming a Person* (Boston: Houghton Mifflin, 1961), pp. 21–22. Copyright©1961 by Carl R. Rogers. Reprinted by permission of Houghton Mifflin Co.

3. Gerard Egan, *The Skilled Helper: A Model for Systematic Helping and Interpersonal Relating* (Monterey, CA: Brooks/Cole, 1975), pp. 153–54. Copyright©1975 by Wadsworth Publishing Company, Inc. Reprinted by permission of the publisher, Brooks/Cole Publishing Company, Monterey, California 93940.

4. Clark Moustakas, *Creativity and Conformity* (Princeton, NJ: D. Van Nostrand, 1967), p. 23.

5. George Gazda et al., *Human Relations Development: A Manual for Educators* (Boston: Allyn & Bacon, 1973), pp. 81–82.

第三部 自我維護的技巧

1. *Pirke Avot* ("Ethics of the Fathers"), Talmud.

第8章 人際關係的三種互動模式

1. Sherwin Cotler and Julio Guerra, *Assertion Training: A Humanistic-Behavioral Guide to Self-Dignity* (Champaign, IL: Research Press, 1976), p. 201. Used with permission.

2. Anne Morrow Lindbergh, *Dearly Beloved* (New York: Harcourt, Brace and World, 1962), p. 10.

3. L. Z. Bloom, Karen Coburn, and Joan Pearlman, *The New Assertive Woman* (New York: Dell Books, 1975), p. 219. 我相信這些數據相當有意義，儘管自我評估本身有其限制。

4. W. H. Auden, *About the House* (New York: Random House, 1965). Reprinted by permission of Curtis Brown, Ltd. Copyright©1963 by Edward Mendelson, William Meredith, and Monroe K. Spears, executors of the Estate of W. H. Auden (first appeared in *The New Yorker*).

5. Georg Simmel, "Secrecy and Group Communication," in Talcott Parsons et al., *Theories of Society* (New York: Free Press, 1961), p. 320.

6. Theodore White, *The Making of the President 1960* (New York: Atheneum, 1961), p. 171.

7. Lois Timmins, *Understanding through Communication* (Springfield, IL: Charles C. Thomas, 1972), pp. 116–117.

8. Quoted in Gerald Kennedy, *Fresh Every Morning* (New York: Harper & Row, 1966), p. 75.

9. Abraham Maslow, in *Challenge of Humanistic Psychology*, edited by James Bugental (New York: McGraw-Hill, 1967), pp.

280–281.

10. Thomas Moriarity, "A Nation of Willing Victims," *Psychology Today*, April 1955, pp. 43–50.

11. Carolina Maria de Jesus, *Child of the Dark: The Diary of Carolina Maria de Jesus*, trans. David Saint Clair (New York: Signet, 1962), p. 47.

12. 許多年前，馬丁・塞爾德曼博士（Dr. Martin Seldman）引介我進入自我維護訓練，我們的許多談話和他的自我維護訓練課程影響了本書的相關段落，想了解更多塞爾德曼博士關於這個主題的概念，可參考：Martin Seldman and David Hermes, *Personal Growth Thru Groups: A Collection of Methods* (San Diego, CA: The We Care Foundation, 1975)。

13. George Bach and Ronald Deutsch, *Pairing* (New York: Peter H. Wyden, 1970), p. 53.

14. Herbert Fensterheim and Jean Baer, *Don't Say Yes When You Want to Say No* (New York: David McKay, 1975), p. 14.

15. Howard Clinebell Jr. and Charlotte Clinebell, *The Intimate Marriage* (New York: Harper & Row, 1943), p. 179.

第9章 學會三段式自我維護

1. David Seabury, *The Art of Selfishness* (New York: Simon and Schuster, 1964), p. 59.

2. Manuel Smith, *When I Say No, I Feel Guilty: How to Cope— Using the Skills of Systematic Assertive Therapy* (New York: Dial Press, 1975), pp. 7–14.

3. 許多自我維護的訓練師會不同意這點，羅伯特・艾伯提（Robert Alberti）和麥可・艾蒙斯（Michael Emmons）

主張：「你說什麼幾乎都沒差」，參見：*Stand Up, Speak Out, Talk Back!* (New York: Pocket Books, 1975), p. 85。 在他們較早期的開創性著作中，他們寫道：「雖然你說的話明顯重要，但比我們一般相信的較不重要。」參見：*Your Perfect Right*, 2nd ed. (San Luis Obispo, CA: Impact, 1974), p. 32。相反地，我和同事們都相信，在自我維護時，你說的話、言論的精確程度，比我們大多數人認為的都更重要。

4. Thomas Gordon, *Parent Effectiveness Training: The "No-Lose" Program for Raising Responsible Children* (New York: Peter Wyden, 1970), p. 108.

5. John Wallen's "Behavior Description: A Basic Communication Skill for Improving Interpersonal Relations" (1970)，有網路連結：https://files.eric.ed.gov/fulltext/ED026323.pdf。

6. Hazen Werner, "In Marriage—Tremendous Trifles Count," *Together*, February 1962, pp. 19–21.

7. Andrew Salter, *Conditioned Reflex Therapy: The Direct Approach to the Reconstruction of Personality* (New York: Capricorn Books, 1949).

8. Thomas Gordon with Noel Burch, *T.E.T.: Teacher Effectiveness Training* (New York: Peter Wyden, 1974), p. 143. 就我所能查明的，三段式自我維護訊息從美國國家訓練實驗室研究所（National Training Laboratory Institute）發展出來的兩段式回饋訊息開始。回饋訊息包含對行為的非評斷描述，以及揭露對該行為的感覺。戈登博士開始使用那套方法，而後他或他的其中一位講師增加了「具體或實際的影響」，這在許多情境當中都是最重要的改善。湯瑪斯・戈登博士稱這三段式自我維護訊息為「I訊息」。

9. 在指導三段式自我維護訊息時，我發現不想直接面對具

有實際後果的情況的人（「因為這些事對我來說真的不
重要」），傾向擁有強烈的渴望直接面對價值觀議題。當
他們變得對具有實際後果的事物更加維護時，控制他人
價值觀的欲望似乎就降低了。

第10章 面對防衛的溝通六步驟

1. Reuel Howe, The Miracle of Dialogue (New York: Seabury
   Press, Inc., 1963), p. 84. Copyright©1963 by The Seabury
   Press, Inc.

2. Abraham Maslow, *Toward a Psychology of Being*, 2nd ed.
   (Princeton, NJ: D. Van Nostrand, 1968), pp. 46–47.

3. Jack Gibb, "Defense Level and Influence Potential in Small
   Groups," in *Leadership and Interpersonal Behavior*, edited by
   Luigi Petrullo and Bernard M. Bass (New York: Holt, Rinehart
   and Winston, 1961), pp. 66–81.

4. Carl Rogers, *Carl Rogers on Encounter Groups* (New York:
   Harper & Row, 1970), pp. 52–53.

5. Robert Alberti and Michael Emmons, *Stand Up, Speak Out,
   Talk Back! The Key to Self-Assertive Behavior* (New York:
   Pocket Books, 1975), p. 90.

6. Frederick Stoller, "A Stage for Trust," in *Encounter: The Theory
   and Practice of Encounter Groups*, edited by Arthur Burton (San
   Francisco: Jossey-Bass, 1970), p. 90.

7. Richard Walton, *Interpersonal Peacemaking: Confrontations
   and Third Party Consultation* (Reading, MA: Addison-Wesley,
   1969), p. 86.

8. 莎朗・鮑爾（Sharon Bower）和高登・鮑爾（Gordon
   Bower）合著的這本書有一章很有趣，專門討論防衛反

應：*Asserting Yourself: A Practical Guide for Positive Change* (Reading, MA: Addison-Wesley, 1976)。兩位作者剖析了人們用來岔開維護者的各種方法，但他們處理防衛反應的方法和本章分享的顯著不同。

9. Allan Frank, "Conflict in the Classroom," in Fred Jandt, *Conflict Resolution through Communication* (New York: Harper & Row, 1973), p. 249.

第11章 強化自我維護的技巧

1. Herbert Fensterheim and Jean Baer, *Don't Say Yes When You Want to Say No* (New York: David McKay, 1975), p. 41.

2. 保羅‧魏斯（Paul Weiss）和強納森‧魏斯（Jonathan Weiss）對這個主題有不同看法，參見他們的著作：*Right & Wrong: A Philosophical Dialogue between Father and Son* (New York: Basic Books, 1967), pp. 46ff。

3. Erich Fromm, *The Anatomy of Human Destructiveness* (Greenwich, CT: Fawcett, 1973), p. 224.

4. Quoted in Rudolf Dreikurs and Pearl Cassel, *Discipline without Tears*, 2nd ed. (New York: Hawthorn Books, 1972), p. 65.

5. Rudolf Dreikurs with Vicki Soltz, *Children: The Challenge* (New York: Hawthorn Books, 1964), pp. 72–75. 想了解完全不同的觀點，可以參考這本書：B. F. Skinner, *About Behaviorism* (New York: Knopf, 1974)。

6. Manuel Smith, *When I Say No, I Feel Guilty: How to Cope— Using the Skills of Systematic Assertive Therapy* (New York: Dial Press, 1975), and Fensterheim and Baer, *Don't Say Yes When You Want to Say No!*

7. Weiss and Weiss, *Right and Wrong*, p. 79.

8. Sidney Jourard, *The Transparent Self*, rev. ed. (New York: Van Nostrand Reinhold, 1971), pp. vii, viii.

9. Rollo May, *Power and Innocence: A Search for the Sources of Violence* (New York: Dell, 1972), p. 245.

10. Haim G. Ginott, *Between Parent and Child: New Solutions to Old Problems* (New York: Macmillan, 1965).

11. Gregor Piatigorsky, *Cellist* (New York: Doubleday, 1965).

12. George Prince, *The Practice of Creativity: A Manual for Dynamic Group Problem Solving* (New York: Harper & Row, 1970), p. 39.

13. Ibid., p. 40.

14. Ibid., p. 39.

第四部 衝突管理技巧

1. Harvey Seifert and Howard Clinebell Jr., *Personal Growth and Social Change: A Guide for Ministers and Laymen as Change Agents* (Philadelphia: Westminster Press, 1969), p. 174.

第12章 預防及控管衝突：衝突無可避免，有其益處

1. Richard Walton, *Interpersonal Peacemaking: Confrontations and Third Party Consultation* (Reading, MA: Addison-Wesley, 1969), p. 5. Reprinted with permission.

2. Florence Allshorn, *The Notebooks of Florence Allshorn* (London: SCM Press, 1957), p. 66.

3. J. H. Oldham, *Florence Allshorn and the Story of St. Julian's* (London: SCM Press, 1951), p. 88.

4. Gibson Winter, *Love and Conflict: New Patterns in Family Life* (Garden City, NY: Doubleday, 1958), pp. 102–104.

5. Harry Harlow, "Affectional Responses in Infant Monkeys," *Science* 130 (1959).

6. Konrad Lorenz, *On Aggression* (New York: Harcourt, Brace and World, 1966).

7. Stanley Coopersmith, *The Antecedents of Self-Esteem* (San Francisco: Freeman, 1967).

8. John Dewey, *Human Nature and Conduct* (New York: Modern Library, 1930), p. 300.

9. Walton, *Interpersonal Peacemaking*, p. 5.

10. Muzafer Sherif, O. Harvey, B. White, W. Hood, and Carolyn Sherif, *Intergroup Conflict and Cooperation: The Robber's Cave Experiment* (Norman, OK: University Book Exchange, 1961).

11. Robert Blake and Jane Mouton, *Group Dynamics: Key to Decision Making* (Houston: Gulf, 1961).

12. Roger Fisher, "Fractionating Conflict," in *International Conflict and Behavioral Sciences: The Craigville Papers*, edited by Roger Fisher (New York: Basic Books, 1964), pp. 91–110.

13. Ibid., pp. 91–110.

14. Eugene Litwak, "Models of Bureaucracy Which Permit Conflict," *American Journal of Sociology* 67 (1961): 177–184.

15. Rensis Likert and Jane Likert, *New Ways of Managing Conflict* (New York: McGraw-Hill, 1976).

16. Robert Nye, *Conflict among Humans* (New York: Springer, 1973), p. 93.

17. Robert Blake, Herbert Shepherd, and Jane Mouton, *Managing Intergroup Conflict in Industry* (Houston: Gulf, 1964), pp.

18–33.

18. Robert Blood, "Resolving Family Conflicts," in *Conflict Resolution through Communication*, edited by Fred Jandt (New York: Harper & Row, 1973), p. 230.

19. Daniel Katz, "Current and Needed Psychological Research in International Relations," in *Conflict Resolution: Contributions of the Behavioral Sciences*, edited by Clagett Smith (Notre Dame, IN: University of Notre Dame Press, 1971), p. 86.

第13章 學會化解衝突的三步驟

1. George Odiorne, *Objectives-Focused Management* (New York: Amacom, 1974), p. 35.

2. Clark Moustakas, *Who Will Listen? Children and Parents in Therapy* (New York: Ballantine Books, 1975), pp. 12–13.

3. Martin Buber, *The Knowledge of Man*, edited by Maurice Friedman (New York: Harper & Row, 1967), p. 69.

4. Carl Rogers, *On Becoming a Person: A Therapist's View of Psychotherapy* (Boston: Houghton Mifflin, 1961), p. 332. Copyright©1961 by Carl R. Rogers. Reprinted by permission of Houghton Mifflin Co.

5. Quoted in Carl Rogers, *Carl Rogers on Personal Power* (New York: Delacorte Press, 1977), p. 123.

6. Richard Cabot, M.D., quoted in a manuscript by George Peabody.

7. Philip Roth, *Portnoy's Complaint* (New York: Random House, 1969).

8. William Shakespeare, *Julius Caesar*. 有人說，除了為善，這些溝通技巧也可以用來作惡，這是真的，有心人士可

以用來操弄。馬克・安東尼的演說就是一個例子，從整部戲來看，他是個操弄群眾的謀略家。就像所有好的事物——個人智識、魅力、財富等等，這些溝通技巧可被正直人士用作直接相互溝通，也可被有心人士用來操弄。我寫這本書的目的，是要促進真誠的人際互動與溝通。

9. George Bach and Herb Goldberg, *Creative Aggression* (Garden City, NY: Doubleday, 1974), p. 379.

10. 好幾個問題引用自這本書：George Bach and Peter Wyden, *The Intimate Enemy: How to Fight Fair in Love and Marriage* (New York: Morrow, 1964), p. 94。

11. Rogers, *On Becoming a Person*, p. 332. Copyright©1961 by Carl R. Rogers. Reprinted by permission of Houghton Mifflin Co., and that of Constable Publishers, London.

第14章 面對需求衝突，透過合作解決問題，尋求優質解方

1. William Reddin, *Managerial Effectiveness* (New York: McGraw-Hill, 1970), p. 170.

2. Quoted in John Kennedy, *Profiles in Courage* (New York: Pocket Books, 1957), p. 4.

3. Robert Townsend, *Up the Organization* (New York: Knopf, 1975), p. 35.

4. Mary Parker Follett, *Freedom and Co-ordination* (London: Management Publications Trust, 1949), pp. 65–66.

5. 西德尼・維巴（Sidney Verba）在這本書中提出了一樣的疑問：*Small Groups and Political Behavior* (Princeton, NJ: Princeton University Press, 1961), p. 223。

6. John Dewey, *Creative Intelligence: Essays in the Pragmatic*

Attitude (New York: Holt, 1917), p. 65.

7. Lewis Hahn, in *Guide to the Works of John Dewey*, edited by Jo Ann Boydston (Carbondale: Southern Illinois University Press, 1970), p. 31.

8. 杜威在多本著作和文章中，都曾經提倡過解決問題的方法，包括：*How We Think*, rev. ed. (Boston: Heath, 1933; originally published 1910)，這對他的方法提供了較為簡單的陳述；比較精密的論述可見 *Studies in Logical Theory* (Chicago: University of Chicago Press, 1903)，而後精修擴增成新書 *Essays in Experimental Logic* (Chicago: University of Chicago Press, 1916)。至於這套方法的應用，可見於杜威的多本書籍中，包括：*Democracy and Education: An Introduction to the Philosophy of Education* (New York: Macmillan, 1916), pp. 163ff。

9. Thomas Gordon with Noel Burch, *T.E.T.: Teacher Effectiveness Training* (New York: Peter H. Wyden, 1974), pp. 217ff.

10. Gordon, *T.E.T.*, pp. 229–230，這兩頁對「依照需求或解決方案來定義問題」做了非常有用的區分。

11. Thomas Gordon, *Leader Effectiveness Training (L.E.T.): The No-Lose Way to Release the Productive Potential of People* (New York: Wyden Books, 1977), p. 195. 我從戈登博士和他的同事拉夫・瓊斯（Ralph Jones）那裡學到「問題必須依照需求，而非解決方案來敘述」的這個步驟，對於成功運用合作解決問題法至關重要。

12. Ross Stagner (ed.), *The Dimensions of Human Conflict* (Detroit: Wayne State University Press, 1967), p. 136.

13. Daniel Druckman, "Dogmatism, Prenegotiation Experience, and Stimulated Group Representation as Determinents of Dyadic Behavior in a Bargaining Situation," in *Conflict*

Resolution through Communication, edited by Fred Jandt (New York: Harper & Row, 1973), p. 123.

14. Rensis Likert and Jane Likert, *New Ways of Managing Conflict* (New York: McGraw-Hill, 1976), p. 146.

15. 彼得‧勞森在未出版的文稿中描述了他的這些想法，這裡引述了他的許多概念描述，其中一些是我的，我受惠於他的想法有自己的運用。

16. George Prince, *The Practice of Creativity: A Manual for Dynamic Group Problem Solving* (New York: Harper & Row, 1970), p. 171.

第15章 有效溝通的三大要素

1. Proverbs 4:23.

2. Carl Rogers, "The Necessary and Sufficient Conditions of Personality Change," *Journal of Consulting Psychology* 22 (1957): 95–110.

3. John O. Stevens, *Awareness: Exploring, Experimenting, Experiencing* (New York: Bantam Books, 1973).

4. David Duncombe, *The Shape of the Christian Life* (New York: Abingdon Press, 1969).

5. Margery Williams, *The Velveteen Rabbit, or How Toys Become Real* (New York: Avon, 1975), pp. 16–17.

6. Carl Rogers, *On Becoming a Person: A Therapist's View of Psychotherapy* (Boston: Houghton Mifflin, 1961). Copyright©1961 by Carl R. Rogers. Reprinted by permission of Houghton Mifflin Co., and that of Constable Publishers, London.

7. Karl Menninger, *Theories of Psychoanalytic Technique* (New

York: Basic Books, 1958).

8. 下列這本書的這兩頁有關於「philia」的有趣討論：C. S. Lewis's *The Four Loves* (London: Geoffrey Bles, 1960), pp. 69–70。

9. Waldo Beach and H. Richard Niebuhr (eds.), *Christian Ethics: Sources of the Living Tradition* (New York: Ronald Press, 1955).

10. Lorraine Hansberry, *A Raisin in the Sun* (New York: Signet Books, 1959), p. 121.

11. Thomas Gordon, *Parent Effectiveness Training: The "No-Lose" Program for Raising Responsible Children* (New York: Peter H. Wyden, 1970), pp. 15ff.

12. Paul Tournier, *Secrets* (Richmond, VA: John Knox Press, 1965), pp. 9, 23, 28.

13. Carl Rogers, *Client-centered Therapy* (Boston: Houghton Mifflin, 1951), p. 20.

14. H. Richard Niebuhr, *The Purpose of the Church and Its Ministry: Reflections on the Aims of Theological Education* (New York: Harper and Brothers, 1956), p. 35.

15. Milton Mayeroff, *On Caring* (New York: Harper & Row, 1971), pp. 41–42.

16. William Lewis and Wayne Wigel, "Interpersonal Understanding and Assumed Similarity," *Personnel and Guidance Journal* 43, no. 2 (1964): 155–58.

17. Rogers, *On Becoming a Person*, p. 332. Copyright©1961 by Carl R. Rogers. Reprinted by permission of Houghton Mifflin Co., and that of Constable Publishers, London.

掌握有效溝通的三大要素：真誠、不占有的愛、同理

Star 星出版 身心成長 B&S 005

人際技巧
學會高效傾聽與自我維護，
化解衝突、優化人際關係

People Skills

How to Assert Yourself, Listen to Others,
and Resolve Conflicts

作者 —— 羅勃‧波頓 Robert Bolton, Ph.D.
譯者 —— 洪世民

總編輯 —— 邱慧菁
特約編輯 —— 吳依亭
校對 —— 李蓓蓓
封面完稿 —— 李岱玲
內頁排版 —— 立全電腦印前排版有限公司

出版 —— 星出版／遠足文化事業股份有限公司
發行 —— 遠足文化事業股份有限公司（讀書共和國出版集團）
　　　　231 新北市新店區民權路 108 之 4 號 8 樓
　　　　電話：886-2-2218-1417
　　　　傳真：886-2-8667-1065
　　　　email: service@bookrep.com.tw
　　　　郵撥帳號：19504465 遠足文化事業股份有限公司
　　　　客服專線 0800221029
法律顧問 —— 華洋法律事務所 蘇文生律師
製版廠 —— 中原造像股份有限公司
印刷廠 —— 中原造像股份有限公司
裝訂廠 —— 中原造像股份有限公司
登記證 —— 局版台業字第 2517 號

出版日期 —— 2024 年 05 月 22 日第一版第一次印行
定價 —— 新台幣 480 元
書號 —— 2BBS0005
ISBN —— 978-626-97659-7-3

星出版讀者服務信箱 —— starpublishing@bookrep.com.tw
讀書共和國網路書店 —— www.bookrep.com.tw
讀書共和國客服信箱 —— service@bookrep.com.tw
歡迎團體訂購，另有優惠，請洽業務部：886-2-22181417 ext. 1132 或 1520

國家圖書館出版品預行編目（CIP）資料

人際技巧：學會高效傾聽與自我維護，化解衝突、優化人際關係
／羅勃．波頓 Robert Bolton, Ph.D. 著；洪世民譯 .– 第一版 .– 新北市
星出版，遠足文化事業股份有限公司發行 , 2024.05
352 面；15x21 公分 .-- （身心成長；B&S 005）.
譯自：People Skills: How to Assert Yourself, Listen to Others, and
Resolve Conflicts

ISBN 978-626-97659-7-3(平裝)

1.CST: 人際關係 2.CST: 成功法

177.3　　　　　　　　　　　　　　　　　　　　1130054◌

People Skills by Robert Bolton, Ph.D.
Original English Language Edition Copyright © 1979 by Simon & Schuster,
Complex Chinese Translation Copyright © 2024 by Star Publish
an imprint of Walkers Cultural Enterprise Ltd.
Published by arrangement with the original publisher, Touchston
a Division of Simon & Schuster, Inc.
All Rights Reserved.

新觀點
新思維
新眼界